追寻埃及众神的足迹

〔法〕奥利维尔·蒂亚诺　著

〔法〕克利斯提昂·艾利施　绘

黄夕帆　译

人民文学出版社

PEOPLE'S LITERATURE PUBLISHING HOUSE

著作权合同登记：图字 01-2021-5059 号

Sur les traces des Dieux D'Égypte
© Éditions Gallimard-Jeunesse, Paris, 2009
text by Olivier Tiano
illustration by Christian Heinrich

图书在版编目（CIP）数据

追寻埃及众神的足迹 /（法）奥利维尔·蒂亚诺著；（法）克利斯提昂·艾利施绘；黄夕帆译. —北京：人民文学出版社，2017（2022.7 重印）
（历史的足迹）
ISBN 978-7-02-012611-8

Ⅰ. ①追…　Ⅱ. ①奥…②克…③黄…　Ⅲ. ①埃及—历史—儿童读物
Ⅳ. ① K411.09

中国版本图书馆 CIP 数据核字（2017）第 068994 号

责任编辑　卜艳冰　杨　芹
封面设计　高静芳
内文版式　李　佳

出版发行　人民文学出版社
社　　址　北京市朝内大街 166 号
邮政编码　100705

印　　制　上海盛通时代印刷有限公司
经　　销　全国新华书店等

字　　数　64 千字
开　　本　889 毫米 ×1194 毫米　1/32
印　　张　4
版　　次　2018 年 1 月北京第 1 版
印　　次　2022 年 7 月第 4 次印刷

书　　号　978-7-02-012611-8
定　　价　49.00 元

如有印装质量问题，请与本社图书销售中心调换。电话：010-65233595

追寻埃及众神的足迹

目　录

拉神

努恩自古以来便存在着。那时天空和大地还没有诞生，死亡也没有出现，宇宙里只有努恩。它无边无垠，黑暗无比，从未有过一丝波澜。

在努恩的身体里，住着**阿图姆－拉**。初时，他说：

"我是**凯布利**。我在努恩的身体里耸立起了第一座山丘，当我爬上它的山顶时，我便成了拉。"

如此这般，拉成了第一位神祇，成了众神之父。

然后拉立刻唾了一口，从他的唾液里诞生了**舒**。之后他唾了第二口，从他的唾液里诞生了舒的妹妹——泰芙努特。可惜后来，兄妹俩都离他远去了，这让拉十分伤心。

他哭着哭着，眼泪里生出了人类。

他让他们成为不同的人：埃及人、亚洲人、努比亚人、利比亚人。

他对他们说：为了让你们能够生存和繁殖，我会为你们创造天空和大地、

阿图姆、凯布利、拉：古代埃及人认为太阳有三种形态，凯布利是升起的太阳，拉是攀至顶点的太阳，阿图姆是落下的太阳。
舒：发光的大气之神，是他分离了天地。

植物和走兽、鸟类和鱼群。

然后拉对他的右眼说：

"去把我的孩子们找来！"

右眼找遍了整个世界，终于把孩子们带了回来。然后拉对他的孩子们说：

"去创造天空和大地吧！"

盖布: 大地之神。
努特: 天空女神。

于是舒和泰芙努特生出了**盖布**和**努特**。盖布闯入宇宙，赶走了努恩。而拉让努恩——这个曾经的众神之父，从大地上涌出，成了埃及的尼罗河。每一年，它都会泛滥成灾。

拉又对他的儿子舒说：

"去分离天空和大地！"

于是舒来到了盖布和努特中间，创造了八联神，并同这四对柱神一起撑起了天空，从而分离了天地。

最后，盖布和努特生出了奥西里斯、哈拉里斯、赛特、伊西斯和奈芙蒂斯。盖布将埃及的土地给了奥西里斯，周围的沙漠给了赛特，光明之域给了另一个儿子哈拉里斯。伊西斯嫁给了哥哥奥西里斯，而奈芙蒂斯嫁给了哥哥赛特。

就这样，世上有了众神和人类，有了他们赖以生存

的大地，有了在大海和空中居住、在大地上奔跑的动物。阿图姆－拉的仆人们在他的赫里奥波利斯的宫殿里，向他报告了这一切。

尽管拉是人类和众神的王，但人类却开始密谋推翻他的统治，因为他们知道这位王已经年迈力衰。而拉在他的赫里奥波利斯的宫殿里得知了这件事。他对他的仆人们说：

"把舒、泰芙努特、盖布和努特，还有我的父亲努恩及他身边的亲信都给我叫来。让他们来我的宫殿，一起商量这件事。"

当这些神都齐聚后，拉对他们说：

"噢，最初之神！噢，原始之神！那些人类，那些我眼中留下过的泪水，正密谋着要推翻我。告诉我，如果你们遭遇此事，会如何处理？虽然我愤怒至极，但只要没有你们的同意，我就不愿诉诸杀戮。"

"噢，拉，我的儿子，"努恩回答道，"你是如此令人敬畏，你的王位是那么稳固，派你的眼睛去找那些密谋推翻你的人吧。"

拉回答："那些人啊，听闻了我们的这次商讨，心中万分惊恐，早已逃向沙漠。""那就让你的眼睛去追赶他们，让它为你擒住他们，杀了这些妄图为非作歹的人。没有什么比你的眼睛更令人战栗。让它化为狮头人身、可怖的赛克迈特女神，让她降落凡尘，追逐他们，消灭他们。"众神说道。

就这样，赛克迈特来到凡尘，赶去那些人为躲避拉神之怒而逃往的沙漠。赛克迈特是如此暴怒，这些人最终无一幸免。

在赛克迈特完成这次屠杀后，拉神传话给她："已替我完成复仇的你，回来守在我的身边吧。"

但女神却回答道：

"你确实是至高无上的神，但我喜欢让人们畏惧，饮他们的鲜血并以此为乐。"

"够了，"拉神说，"你杀的人够多了，剩下的那些并非全都有罪。"

但赛克迈特拒绝听命于她的父亲。她远远地躲进了沙漠中，决定待黎明来临便再次开始屠戮。拉回到了他的赫里奥波利斯宫，下令让一批使者立刻前往**象岛**，带回了大量的"狄狄"——一种色如鲜血的东西。同时，他命人酿造了大量的啤酒。酒酿好后，就放一些这种"狄狄"到啤酒里，让啤酒变成血红色。这些混合液体装满了七千多个双耳瓮，然后被运到了赛克迈特休息之地的不远处。

拂晓时分，女神醒来了。她发现自己面前有一个巨大的、满是鲜血的湖泊。她尝了一口后就放肆地畅饮起来，直到醉得不省人事。心满意足的她此时早已把屠戮那些人的事忘在了脑后。就这样拉下令，为了让赛克迈特永不再沉迷于人类的血液，从今以后每一年的**哈索尔**节，人们都要大量地准备这种令人沉醉并能抚慰心灵的饮品。

象岛： 位于埃及最南部（今日的阿斯旺附近），被视为尼罗河的发源地和泛滥的源头。

哈索尔： 欢乐和音乐女神，赛克迈特是其恐怖的一面。

古埃及的神明不可胜数，每个城市都有自己的神明和供奉他们的神庙。这些神明的地位会随着时间而发生改变，而有一些神明，比如幽冥之神奥西里斯、他的妻子伊西斯和他们的儿子荷鲁斯，从古至今都受到整个国家的崇拜。

努特、舒和盖布

伊西斯

阿蒙

塞尔凯特

舒

大气之神（风神），图中的他正坐在小船上。在他的上方是天空女神努特，而他的下方则是大地之神盖布。

阿蒙

底比斯的主神，之后成为整个埃及的保护神。人们为他修建了宏伟的神庙，并将数以千计的珍宝献祭给他。作为交换，他给这个国家带来胜利和财富。

伊西斯

奥西里斯的妹妹及妻子，她是完美的妻子与母亲的象征。埃及人因她的神力而崇拜她。

塞尔凯特

蝎女神，头上饰以她的标志性动物。她是死者的保护者之一，主要守护死者的肠子。

奥西里斯

他始终以木乃伊的形象示人，全身只露出握着王者权杖的双手。他是幽冥之神。

"如此这般，拉成了第一位神祇，成了众神之父。"

阿图姆

奥西里斯　　托特

托特

太阳神拉的大臣。他每晚都代替拉神统治大地。负责掌管月亮的他，头上总有一轮满月。

日与夜

为了解释昼夜交替的现象，古埃及人认为每晚天空之神努特都会吞食太阳，第二天早晨再将它吐出来。这幅图中描绘的是一位妇女向日落之神阿图姆献出祭品的场景。阿图姆头戴代表上埃及和下埃及的双重王冠。

伊西斯的追寻

传说，努特与她的哥哥盖布有着不为人知的关系，并因此有了他们的孩子。

第一天，奥西里斯出生。第二天，哈拉里斯出生。第三天赛特出生，传说他是撕开母亲的腹部而诞生的。伊西斯在第四天出生。最后第五天，奈芙蒂斯出生。

奥西里斯娶了他的妹妹伊西斯，成了埃及的第一任国王。奥西里斯教会了埃及先民利用尼罗河的资源和它定期泛滥带来的益处来发展农业，使他们告别了狩猎和游牧的生活。他教他们耕地播种，教他们饲养家畜；他赐予他们葡萄，并传授了酿酒的技艺；他给予他们律法，并教会他们敬仰神明。当他把这一切都教给了尼罗河谷的居民后，他便开始周游世界，将同样的智慧授予别的人。他所做的一切都不通过暴力达成，而是靠着劝诫与爱。

但是，唉，赛特逐渐嫉妒起他的哥哥和众人给予他的爱戴。趁奥西里斯离开的时候，他召集了七十二个谋反者，计划脱离奥西里斯的统治并窃取他的王国。

他秘密地篡夺了奥西里斯的权力，并让人为他量身定做了一个箱子。这口华丽的箱子用雪松制成，镶嵌着黑檀和象牙。

当奥西里斯归来的时候，赛特邀请他参加一个盛大的宴会，所有的谋反者都会出席。当所有人都酒足饭饱之后，赛特命人抬上了准备好的箱子，大家都盛赞箱子的华美及其工艺的精湛。赛特趁机开着玩笑地许诺，谁躺在箱子中能正好填满它，他就把这口箱子作为礼物送给那个人。

一个接一个，所有人都试了试，但这口箱子对于他们来说太大了。轮到奥西里斯的时候，他躺了进去，将全身伸展开来。就在这时，赛特和他的同伙一拥而上，盖上了箱盖。他们用钉子钉死了箱盖，再用液体铅浇灌密封。之后，他们将箱子抬往河边，扔进了河中。他们想让箱子流向大海，最终消失。

当伊西斯得知她的丈夫被赛特杀害，而且尸体已经消失时，她立刻找到她的妹妹奈芙蒂斯。两人都穿上丧服，悲痛欲绝地哀叹着：

啊，美丽的少年，归家吧，

我们很久都没有见到你了。

啊，骤逝的美丽少年，

精壮如你却英年早逝，

第一个离开母胎的你，

用你最初的样子归来吧，

我们将拥抱你，我们将形影相随。

此后，伊西斯便决定出发去寻找奥西里斯。在**阿努比斯**的陪伴下，她顺着尼罗河跑遍了整个埃及。她每遇到一个人，就会问道："您有没有见到或是听说过一口被河流带走的箱子？"

终于有一天，一群在三角洲沼泽地看守羊群的孩子找到她，说："我们知道有人在尼罗河的东支流里看到过一口精美的棺材。它现在正向大海漂去。"

伊西斯来到河口却一无所获，但她得知河流会将所有漂浮物带往**腓尼基**的海岸。

事实确实如此，这口棺材正慢慢地向**比布鲁斯城**漂去，潮水将它推上了海岸，最后停在了一棵**柽柳**的树根旁。这

阿努比斯：长着胡狼头的神明，负责制作木乃伊。

腓尼基：现在黎巴嫩滨海的区域。

比布鲁斯城：一个腓尼基的城市。

柽柳：又叫红柳，一种用以制作家具和雕塑的树木。

棵柽柳生长得非常奇特，它的根渐渐地将棺材包裹起来，棺材被藏进了树中。惊叹于柽柳奇特的生长，比布鲁斯城的国王下令将此树砍下，用它的树干制成了宫殿里的一根立柱。

伊西斯知道这件事后就动身去了比布鲁斯城。她一赶到那里就坐在一个喷泉旁哭泣，一言不发。当比布鲁斯王后的侍女们从旁经过时，她上前向她们致意并同她们亲切交谈。她主动为她们梳编长发，在她们的身上涂抹**香脂**。

香脂：埃及人和神明都爱使用的一种芳香的膏体。

等侍女们回到宫殿时，她们崭新的发型和身体上散发的神圣香气引起了王后的注意。她便想立刻见一见这位制造奇迹的外乡人。她派人找到了伊西斯，并和伊西斯成了亲密的朋友。

王后不久前刚产下一个男婴，于是她就让伊西斯做了孩子的乳母，委托她照顾她的儿子。为了安抚男婴，伊西斯让他吮吸自己的手指。每当夜晚来临，整个宫殿陷入沉睡，她就用火驱赶男婴身边伤人的恶魔，密切守护着他。有时，她也会变成燕子，绕着那根支撑着宫殿顶部的立柱飞旋，痛苦地啼叫着。

直到某天夜里，王后突然撞见了正在对她的儿子施

放火焰的伊西斯，她大惊失色。伊西斯女神也被王后发出的惊叫声打断了施法。为了让王后冷静下来，伊西斯告诉了她自己的名字并显现出神明的光辉。惊叹不已的王后俯伏着恳求女神的原谅。

伊西斯向她求取那根支撑着宫殿顶部的立柱。没有任何人的帮助，伊西斯独自切下了柽柳的树干，并用神力为宫殿换上了一棵高大的雪松树干。之后她剖开了柽柳，从中取出了棺材。一见到棺材，她就哭泣着扑向了它。她用一块精致的亚麻布包裹棺木，然后把棺木搬上了一艘船，让船带着它回到埃及。至于柽柳的树干，她给它涂抹上香脂后就把它交给了国王和王后，让他们放在比布鲁斯城里供奉。

伊西斯一到埃及就把棺材藏在了三角洲的一个荒无人烟之地。那是一个被水环绕的小岛，上面长满了高大的芦苇。她在那儿打开了棺木，而当她见到她丈夫的尸体时，她将她的脸贴在他的脸庞上，拥吻着他，为他悲泣。当伊西斯停止哀悼时，她就变成了一只燕子，停在尸体上。她扇动的翅膀创造了一股生命的气息，而这股气息唤醒了奥西里斯，并让她怀上了一个儿子，就是荷鲁斯。伊西斯独自一人，在这座深陷沼泽的孤岛上，生下了儿子。

当她的儿子长到足够大，不再需要她哺乳时，伊西斯就把他托付给了布托城中的 **瓦吉特** 女神，以求能躲避赛特的毒手。因为一旦赛特得知荷鲁斯的存在，他便不会错过

瓦吉特：蛇首人身的女神，守护三角洲上的布托城。她是下埃及的女神。

一切可能杀死他的机会。就这样，她守在奥西里斯身边又过了许多年。只有去探望那无法在她身边长大的儿子时，她才会离开那里。

然而有一天，当伊西斯离开的时候，代替奥西里斯

成了国王的赛特正巧来到了三角洲的沼泽地狩猎。在那儿，赛特意外摔倒在装有他哥哥遗体的棺材上，他立刻认出了奥西里斯。愤怒至极的他将这具遗体切成了十四块，并将它们抛向天空，好让这些碎块散落到全国各地，这样就再也没人能够集齐这些碎块了。

回到藏身之处的伊西斯看到丈夫的棺材已空，而包裹棺材的珍贵布料也被撕碎，撒落一地。赛特的愤怒一目了然。她再一次踏上了寻找奥西里斯遗体的路，但这一次，她需要找到散落在尼罗河谷的所有碎块。她在上埃及的阿拜多斯找到了脑袋，在下埃及的阿布西尔找到

了脊椎骨。她每找到一块，就把它们聚拢起来，在上面堆出一座土堆作为坟墓。在这座土堆的圆顶上，她种了四棵树。这些树生长得旺盛极了，预示着奥西里斯终会复活。

就这样，她逐渐聚齐了尸体的碎块，除了那块被一条**象鼻鱼**吞下的奥西里斯的生殖器。而后，在阿努比斯的帮助下，她重新拼出了奥西里斯的躯体，给它涂上了珍贵的香料，还用细带子包裹它，这样它就能复活，并获得永生。

象鼻鱼：一种在古埃及受到崇拜的鱼。

地中海

亚历山大港
培尔－拉美西斯
赫里奥波利斯
开罗
吉萨
孟菲斯

埃及

红海

阿拜多斯
底比斯
卢克索
埃德福
象岛
阿斯旺
阿布辛比勒

从阿斯旺到三角洲：尼罗河灌溉了埃及大地，给埃及带来了肥沃的土壤。除了狭窄的沿河地带，这个国家的其他地方主要由沙漠组成。

埃及圣鹮

这种涉禽现在已经从尼罗河谷消失了。埃及人认为它是托特神的两种神圣动物形态之一。它主要在赫里奥波利斯地区受到崇拜。埃及祭司认为，托特神化身为圣鹮后，产下的蛋中诞生了太阳，由此创造了世界。

圣鹮

鸢

猛禽类

女神奈赫贝特和姆特的象征是秃鹫，而荷鲁斯的象征是隼。

"奥西里斯教会了埃及先民利用尼罗河的资源和它定期泛滥带来的益处来发展农业，使他们告别了狩猎和游牧的生活。"

现在的尼罗河谷

鳄鱼
在阿斯旺水坝建成后，鳄鱼不再侵扰阿斯旺北部的尼罗河沿岸地区了。

索贝克神
索贝克以鳄鱼为形象，是水泽和丰产之神。他头顶太阳盘，所以也以索贝克－拉的名义受人崇拜。

鳄鱼

索贝克

河马

河马

河马
埃及现在已经没有河马了。在古埃及时期，脆弱的莎草纸上记录了人们站在船上攻击这些令人畏惧的河马。

河马和相关的神
由于河马丰满圆胖，以母河马为形象的塔沃里特女神，专门保佑女人怀孕和生育。河马同时是危险的动物，所以它也代表混乱，是赛特神的象征。

赛特对战荷鲁斯

在拉神的赫利奥波利斯宫殿里，这位最高神和宇宙的造物主，为了对荷鲁斯和赛特做出裁判，召开了法庭大会。荷鲁斯和赛特都是重要的神明，双方都声称有权继承伟大的神、凡间的王奥西里斯的遗产。

荷鲁斯是奥西里斯的儿子，伊西斯女神生育了他，所有神明都喜爱这位美丽的少年。

赛特是奥西里斯的弟弟、荷鲁斯的叔叔，他是沙漠之神，也是骁勇的战士。

拉神身边站着他的**维齐尔**，文字的创造者——托特。

维齐尔：高级行政官员，相当于总理一职。

赛特说道："让荷鲁斯和我出去，我能证明我才是最厉害的。"

但托特回答："我们谋求的难道不是公平、公正吗？在他的儿子活得好好的情况下，我们难道还要将奥西里斯的遗产交给赛特吗？"

赛特，愤怒和暴风雨之神，起身说道："我是赛特，是所有神明中最强大的，我理应成为奥西里斯的继承者。"

众神议论纷纷，喧哗不止。其中一些喊道："赛特，努特的儿子，他是对的！把王冠给他吧！当叔叔比乳臭未干的孩子更强大、更有经验的时候，我们难道还要把王冠给这个孩子吗？"

其他人却喊道："难道我们就该在奥西里斯的亲骨肉在世的情况下，把国王一职交给这位叔叔吗？"

当轮到荷鲁斯发言时，他说："诚然，我还年轻，缺乏叔叔那样的威慑力，但因此就剥夺我继承父亲奥西里斯遗产的权利是不公正的！"

一心支持儿子的母亲伊西斯，劝说所有神明一起来支持荷鲁斯。赛特也心知肚明，他所要畏惧的只有这位女神的话语和计谋。于是，他转向了主宰神界法庭的宇宙之主拉神："只要伊西斯这位伟大的女神在这里，我就不再商讨这件事。让她离开这个法庭！"

拉神回应道：

"好吧！所有人都去中央之岛对这两个人做出评判吧！告诉安蒂，那个引渡人，别让伊西斯或是任何长得像她的女人到那里去！"

整个法庭都转移到了无人可以泊岸的中央之岛。

伊西斯没有放弃维护她的儿子，她又想到了一个新的计谋：变成一个非常苍老的妇人。她拿了一袋子的面包，手上戴着一枚小小的金戒指。当她遇到安蒂这位引渡人的时候，她说："我的儿子已经在那个岛上看守了五天的羊群，由于无人可以泊岸，他的面包已经吃光了。"

安蒂回答："我没什么可以为你做的，他们下令不能为任何女人放行。"

于是伊西斯说："你不该放行的只是伊西斯，而我只是一个为儿子的温饱担心的老妇人，那个可怜的小伙子在那座岛上照看着我们的羊群。"

"那这位老妇人，你会给我什么作为放行的报答呢？"安蒂问道。

"我给你一块新鲜而又可口的圆形大面包。"

"圆形大面包算什么？他们命令我不能给任何女人放行。"安蒂反驳道。

"那我把我的金戒指给你，比起我唯一的儿子的命，这枚金戒指又算得了什么。"

安蒂收下了这枚金戒指，让伊西斯上了他的船，把她带上了岛。

当她在树的掩蔽下慢慢前进时，她看到一片林中空地上，神明们正聚集在拉神的周围，仔细聆听荷鲁斯和赛特阐述各自的道理。当赛特察觉到树林里有动静时，伊西斯便念出一个咒语，然后就变成了一位年轻的女孩。她是如此美丽，埃及的任何一个女孩都无法与她相提并论。望着这位美人，赛特心中充满了欲望。当大家听着荷鲁斯发言的时候，赛特悄悄地离开了。他来到了一棵

埃及无花果树：一种用来制作家具和雕像的树木，象征着哈索尔女神和努特女神。

埃及无花果树下，找到了她："我想和你在一起，美丽的孩子，想和你一起度过一段美妙的时光。"

年轻的美人说："大人啊，我怎能有心思玩乐呢？我是一个牧羊人的妻子，和他有一个儿子。我丈夫去世后，

我的儿子代替他照顾那些牲畜。后来出现了一位外来者，他强迫我的儿子把羊群交给他，还把我们赶出了家门。我求求您了，大人啊，保护我们吧！"

被自己的欲望蒙蔽了双眼的赛特回答她说："你是对的，一个外来者怎么能够在逝者的儿子还活着的时候去占有他的财产呢？"

话音刚落，伊西斯变成了一只鸢，停在了无花果树的顶端。

"为你自己哀悼吧，"伊西斯对赛特说道，"你说了自相矛盾的话，你已经对你自己做出了评判。"

知道自己中了计的赛特回到法庭大会，把发生的一切告诉了拉神。

拉神对他说："你看看，你已经对自己做出了裁判，

你还想怎么样呢？"

面对所有的裁判者，拉神又说道："你们难道没有听到吗？你们还讨论什么呢？把判决写下来，然后把奥西里斯的王冠戴在他的儿子荷鲁斯的头上吧！"

拉神的决定让赛特暴跳如雷，他嘶吼着："不要把王冠给荷鲁斯！让我们两个对战，胜者为王！"

对赛特有偏袒之心的拉神接受了这个提议。

于是，赛特面向荷鲁斯，向他发起了挑战："来吧，让我们变成河马，潜入水中，没到三个月就浮出水面的

那个人就要失去王冠。"

当两个对手化身河马潜入水底后，伊西斯就开始为荷鲁斯的性命担忧。她找来一根线，给它绑上铜质渔叉，然后扔进水中，扔到两个对手所在之处。但这个**渔叉**却插进了荷鲁斯的身体，他喊叫着："救命啊伊西斯，我的母亲！救命啊！让你的渔叉离开我。我是荷鲁斯，你的儿子。"

渔叉：用来捕大型鱼类的工具。

伊西斯发出一声惊叫，下令让渔叉离开她儿子的身体，然后她重新将渔叉扔进水中。这一次，渔叉插到了赛特。赛特发出一声哀号，恳求道："我对你做了什么，我的妹妹伊西斯？我是你的哥哥，我们有同一个母亲。让你的武器离开我的身体。"

伊西斯心生同情，命她的渔叉离开赛特。于是托特对拉神说："暴力已经持续了太久！给现在统治着亡者国度的奥西里斯送一个信吧，让他自己选

阿蒙提: 亡者的国度，奥西里斯被赛特杀害后一直统治这里。

择继承者。"

人们把消息带给了**阿蒙提**中的奥西里斯。他立刻写了回信：

"为什么要伤害我的儿子荷鲁斯呢？当我统治凡间时，难道不是我抚育了你们吗？不是我创造了大麦和小麦吗？为了让你们家中常年存有祭品，不是我教会了你们蓄养牲畜吗？为了让你们有衣服蔽体，不是我教会你们耕种和织布吗？不也是我告诉你们在哪儿能找到沁人心脾的乳香吗？为什么你们不在凡间主持公正呢？我现在居住的国度充满了无所畏惧的凶神恶煞，只要我放出他们，他们就会把所有作恶之人的心带回来！不要忘了，所有的神明和人类总有一天会来到阿蒙提，来到我的国度！不要忘了没有公正就没有秩序！把王冠给我的儿子荷鲁斯！这样才能让真理和公正的玛特女神感到满意！"

收到这封信后，拉神便在法庭上对所有裁判者宣读了它，众人立刻传来了两位对手。"为什么你要反对众人对你的判决呢？为什么你要占有属于荷鲁斯的一切呢？"拉神责问赛特。

"没有这回事，大人，我的宇宙之王，"赛特回答道，"请命人召来伊西斯和奥西里斯的儿子荷鲁斯，把他父亲的王冠给他吧！"

于是人们找来了荷鲁斯，为他戴上王冠，送他上了宝座，对他说："你是众神眷顾之地的完美的王者，你是所有国家永久的主人！"

之后，拉神说："至于努特的儿子赛特，把他交给我吧，让他待在我的身边。他会像我的儿子那样伴我左右。他会像雷鸣，他怒吼时会让我的敌人们战栗。"

拉神又转向大会的众神，说道："既然荷鲁斯成了统治者，就一起欢庆吧！为他欢呼！一起臣服在伊西斯之子荷鲁斯的脚下吧！"

埃及神庙是神明的居所和宫殿。只有祭司、神明的侍者和至高无上的法老才能够进入。神庙用四面高墙和厚重的大门封闭。第一个庭院是露天的，越往里走，庭院越封闭、越神秘，直至住着神明（立着神明雕塑）的内中堂。

埃德富神庙

位于卢克索和阿斯旺之间，是荷鲁斯神的宫殿。这是埃及保存最好的一座神庙。

> "既然荷鲁斯成了统治者，就一起欢庆吧！为他欢呼！"

香炉

祭品

存活在雕像中的神明每天要享用三次供奉给他的祭品（饮品和食物）。当然，他只享用这些东西的精魂，之后这些祭品就会分发给那些维修和照管神庙的人。

乳香

人们在神庙内焚烧乳香，在迎神游行时也在神庙外焚香。

搬运祭品的女人们

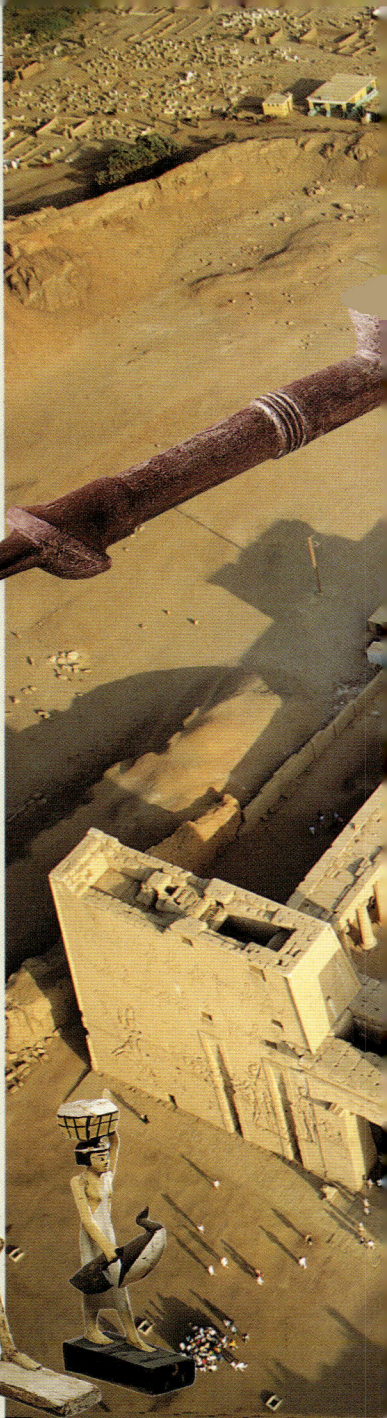

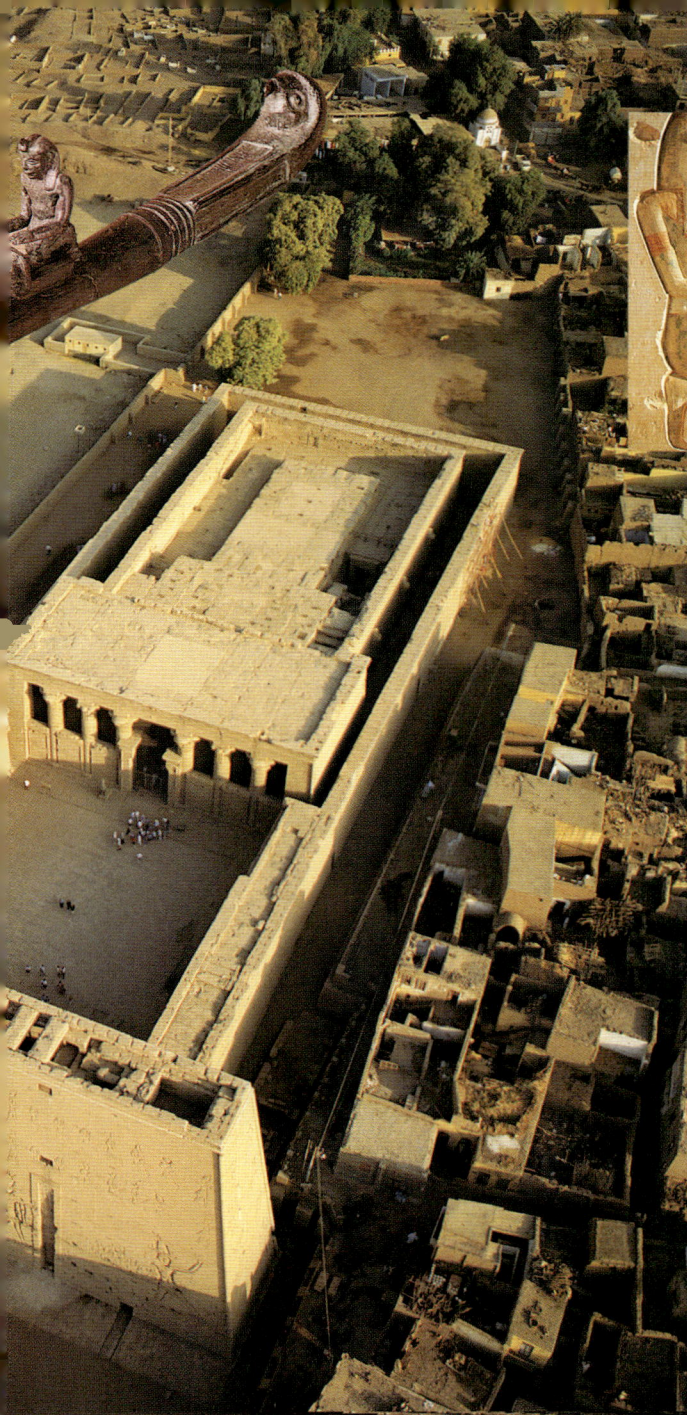

埃德富神庙

尼罗河神正在制作祭品

哈碧和玛特

哈碧神有着下坠的胸，是多产的象征，是尼罗河涨水的神化。玛特女神头戴鸵鸟的羽毛，是真理和公正的化身，是每个人都应该遵守的政治秩序的维护者。

玛特

基奥普斯王的故事

统治着上埃及和下埃及的法老**基奥普斯**在他的宫殿中百无聊赖。他从一个房间走到另一个房间，始终找不到消遣的办法。于是，他叫来了他的儿子们，请他们给自己讲述一些神奇的故事。

他的儿子**哈夫拉**起身说："陛下，我给您讲一个发生在涅布卡王时代的奇妙故事吧。

"每次涅布卡王前往**安柯塔维**的卜塔神庙时，他都要文书大祭司乌巴欧内追随左右。有一天，乌巴欧内的妻子想趁他不在的时候引诱附近的一个男人。正巧宫殿的花园中有一个庭院，她便命侍仆将庭院装饰一番，以便她能在那儿约见那个男人，并在他的陪伴下消遣嬉戏。就这样，那个男人来到了庭院与她相会。他们一起喝酒度过了一整天。天色暗了的时候，

基奥普斯：即埃及法老胡夫，公元前2589—前2566年在位，也是伟大的吉萨大金字塔（胡夫金字塔）的建造者。

哈夫拉：继兄位成为埃及法老，公元前2558—前2532年在位。

安柯塔维：即孟菲斯城，当时埃及的首都。

那个男人就到庭院附近的池塘中沐浴。

"从此，乌巴欧内的妻子养成了这个不良习惯：每当她的丈夫为了履行公务前往卜塔神庙时，她就去约见那个男人。忠于主人的侍仆决定将此事告诉乌巴欧内。当乌巴欧内听完侍仆的叙述，他就做了一个**七指**长的蜡质鳄鱼，然后对着它念了一个咒语：

"'抓住任何一个前往我的池塘里沐浴的人，尤其是我的妻子趁我不在时叫来的那个男人。'之后，他把这条鳄鱼交给了他的侍仆，交代他在那个男人一下湖的时候就把鳄鱼放进去。

"翌日，当乌巴欧内前往卜塔神庙的时候，他的妻子又叫来了那个男人，他们像平时一样一起度过了一整天。当夜幕降临时，那个男人走进了池塘沐浴。遵循主人的命令，侍仆紧接着就把鳄鱼放进了水中。那个鳄鱼立刻变成了**七肘**长。它攫住了那个男人并把他拖到了水底。

七指：约等于13厘米。
七肘：一肘为从前臂至中指尖的长度，七肘约等于3.65米。

"后来，涅布卡王决定和乌巴欧内在卜塔神庙继续待上七天。七天之后，当涅布卡王准备起驾回宫时，乌巴欧内来到了他的面前，对他说：'敬请陛下随我去看一个奇观！'涅布卡王同意了。当他们来到乌巴欧内的府邸，来到池塘前的时候，乌巴欧内叫那条鳄鱼把那个男人带过来；鳄鱼钻出了池塘，嘴里叼着那个气息尚存的男人。

"当涅布卡王看到这个奇观时，惊叹不已。乌巴欧内俯身抓起那只鳄鱼，在他的手中，它又变回了原来蜡质的模样。乌巴欧内向涅布卡王讲述了这个无耻之徒和他的妻子在他家中的所作所为。涅布卡王对鳄鱼说：'带走属于你的财富吧！'

"鳄鱼重新回到了池塘深处，没有人知道它带着它的所得究竟去了哪里。涅布卡王又命人抓了乌巴欧内的妻子，然后让人处死了她。"

基奥普斯王聚精会神地听完了这个故事，说道："让我们把一千个面包、一百壶啤酒、一头牛和两百份乳香作为**祭品**献给涅布卡王——上埃及和下埃及的法老！同时，让我们把一个面包、一壶啤酒、一块肉和一份乳香献给文书大祭司乌巴欧内，因为我见识了他的知识广博。"

祭品：此处指献给涅布卡王和乌巴欧内的祭祀品。

现在轮到另一个儿子巴乌弗雷给父亲讲故事了。他起身说道："这是另一个神奇的故事，它发生在**斯尼夫鲁王**统治时期，讲的是文书大祭司加达蒙卡的事。

"有一天，斯尼夫鲁王百无聊赖，走遍了皇宫都找不到消遣的办法。他叫来了文书大祭司加达蒙卡，向他倾诉自己的烦恼。于是加达蒙卡对他说：'请陛下到皇宫的水塘那儿去吧。在那儿，安排一群皇宫里最美丽的女孩划船。看着她们，陛下的心定能平静下来。'

"斯尼夫鲁王立刻下令：'马上准备一艘华美的小船、二十个镀金的乌木船桨，再带来二十个体态最优美的女人，让她们穿得轻薄一些，我好欣赏她们优美的体态。'仆人们照办了法老的所有命令。

"年轻的女孩们开始划船，法老看得心花怒放。然而，一个在船后方的女孩不慎将她的耳环掉进了水中。她停下手中的桨，她的同伴们也停了下来。

"法老问她们为何不划船了，她们回答道：'因为我们的一个同伴停了下来。'于是法老问那个女孩为什么停止划船。'我那**绿松石**做成的耳环掉进水里了。'

斯尼夫鲁王：胡夫的父亲。

绿松石：一种珍贵的蓝绿色石头。

她说。法老提出给她换一个耳环，但是这个年轻女孩拒绝了。不知如何是好的斯尼夫鲁王叫来了加达蒙卡，把这件事

告诉了他。于是加达蒙卡念了一个咒语，将水塘里一半的水移到了另一半之上。在水塘深处，他发现了这个耳环，拾起它并把它还给了它的主人。然后他又念了另一个咒语，那一半的水回到了原位。法老就这样度过了愉快的一天，他因此奖赏了加达蒙卡。"

基奥普斯王聚精会神地听完了这个故事。他说："让我们把一千个面包、一百壶啤酒、一头牛和两百份乳香作为祭品献给斯尼夫鲁王——上埃及和下埃及的法老！同时，让我们把一个面包、一壶啤酒、一块肉和一份乳香献给文书大祭司加达蒙卡，因为我见识了他的知识广

博。"

现在轮到法老的儿子杰德弗尔了，他起身说道："基奥普斯王，您之前听的都是关于过去的魔法师们多么神通广大的故事。但在您的统治时期，也有这么一位学识渊博的魔法师。"

"杰德弗尔，我的儿子，他是谁呢？"法老问道。

"他是一位名叫哲狄的老人，"杰德弗尔回答，"他已经一百岁了，但仍然精力充沛。他知道如何把砍下的头颅装回去，也可以不用拉着锁链就让狮子跟在他后头走。"

法老让他的儿子亲自去找哲狄。当杰德弗尔找到哲

狄的时候，他说：“我来这儿是为了把你带到我的父亲基奥普斯王那儿去的。你能够在那里享用到御厨做的可口佳肴，你也可以在去往**大墓地**与你的祖辈们重聚之前，得到所有人的尊敬。”

“谢谢你的引荐，杰德弗尔，我会随你前往皇宫，讨法老的欢心。”

回到宫殿的时候，杰德弗尔王子向法老禀报了哲狄的到来。

大墓地：大型的群葬墓园。

宏馆：当时人们对皇宫的称呼。

基奥普斯王让他把哲狄带到**宏馆**的会客厅，然后他问这个魔法师：“人们说你会接上已经被砍去的头颅，这是真的吗？”

“是的，我知道怎么做，君主，我的大人。”

于是法老命人带来一个囚犯，想让人砍了他的头颅。

但哲狄劝阻道：“不，事实上，我们不能这样对一个人类。我们不能下令对信奉神灵的信徒做出这样的事。”

因此，人们给他拿来了一只已经被斩了头的鹅。这只鹅被放在会客厅的西面，然后它的头被放在东面。哲狄念了一句咒语，这只鹅就踉踉跄跄地站了起来，它的头也立了起来。当二者合一时，这只鹅站着，发出了叫声。

之后，哲狄又对一头牛做了同样的事。最后，法老让人带来了他心爱的狮子，并砍下了狮子的头。哲狄又一次念出了咒语，然后狮子站立了起来，跟在他后头走着，而锁链在地上拖着。

赞叹不已的法老下令赏赐给哲狄各种各样珍贵和美好的东西，供他度过之后的人生。

法老是神明奥西里斯和荷鲁斯的凡间继承人。他的众多头衔中有"拉神之子",或是"完美之神"。在凡间,他负责维持世界的秩序。为此,他必须保证他的神明先祖们的神庙井井有条。他还需要击退敌人,保证他的臣民们幸福生活。

辛努赛尔特一世的浅浮雕

哈夫拉

哈夫拉法老
他是吉萨大金字塔群的建造者之一。

椭圆形框
法老的名字刻在椭圆形框里。"辛努赛尔特"在埃及语里的意思是"沃斯雷特女神的男人",而"克贝荷卡雷"的意思是"拉神之卡(埃及人认为的灵魂的第一种状态)出生了"。

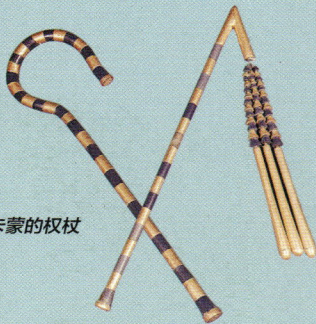

图坦卡蒙的权杖

王权的象征
哈夫拉法老戴着尼美斯头饰——一种挂至胸前的包头头饰,留着皇室的胡子。荷鲁斯神的隼用双翅裹住法老的头部,以示法老是荷鲁斯之子。

托勒密七世的浅浮雕

托勒密七世的双重王冠

图中所绘的正是授予法老王冠的传统仪式。法老身边围绕着分别代表上埃及和下埃及的两位女神，奈赫贝特和瓦吉特。她们将双冠戴在法老的头上。

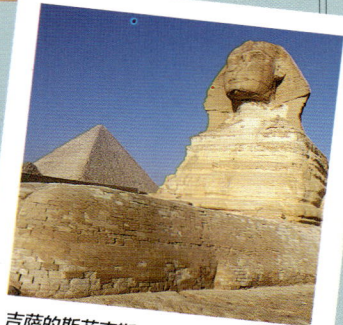

吉萨的斯芬克斯

> "统治着上埃及和下埃及的法老基奥普斯在他的宫殿中百无聊赖。他从一个房间走到另一个房间，始终找不到消遣的办法。"

中间：孟卡拉

孟卡拉

吉萨的孟卡拉金字塔的建造者。他头戴象征着上埃及王权的白色王冠。

吉萨的斯芬克斯

坐落在吉萨的狮身人面像斯芬克斯，显然是参照基奥普斯王这位宏伟金字塔的建造者的形象做的。形象被神化的法老也被视作太阳神。

权杖

在法老所持的所有权杖中，有两个显得很特殊：赫卡权杖，呈倒钩状，可能来源于牧羊人之杖；内卡哈权杖，连枷的一种。

遇难者的故事

我乘着一艘一百二十肘长、四十肘宽的大船出发远
行，准备前往王子的宝库，去完成法老交托的任务。驾
驶这艘船的是一百二十个从埃及最好的水手中挑选的船
员。无论是向宽广的大海前行，还是朝着陆地进发，他
们的心都比一头狮子的心更为坚定。他们能在暴风雨发
生前便预测它的行踪，或是在雷电交加的天气露面前便
预知它的造访。

正当我们远离陆地，航行在**浩瀚碧波**之中时，暴风
雨起来了。我们不得不受着疾风骤雨的鞭打和汹涌海浪
的攻击。这时，一阵**八肘**高的海浪席
卷了大船，船只随之倾覆。虽然我因
为紧抱桅杆而得救，但船只沉没了，
一百二十个船员无一幸存。

一百二十肘和四十肘：
大约60米长、20米宽。

浩瀚碧波：指大海。
这里说的是红海。

八肘：大约4米。

我将自己紧紧捆在桅杆上，海浪把我带到了一座小
岛上。在那儿，我拖着沉重的脚步来到了一棵树的树荫下。
独自一人，我绝望万分，我再也没有希望看到我的家和

我的孩子们了。我花了三天的时间为自己哀叹。最后，我振作起来，开始寻找水和食物。我很快发现了一处清凉的水源，还有一些甜甜的浆果和葡萄、各种各样大量的蔬菜、一些埃及无花果和一些同我们国家的黄瓜相似的菜；那里还有一些鱼和种类繁多的鸟。这座岛拥有一个人所能想到的所有的东西。这样我就能充饥了。之后，我拿了一根取火棍生起了火，向保佑我能够继续生存的神明献祭。

突然，我听到了一声雷鸣，起初以为是浩瀚碧波中的海浪声。但树木开始摇动，大地也开始发抖。惊恐的我将脸贴在地上，当我起身的时候，我意识到是一条巨蛇正在靠近。它全身有**三十肘**长，胡须超过了**两肘**，全身黄金色，眉间有一颗

三十肘：大约 15 米。
两肘：大约 1 米。

青金石。它姿态威严地前进着，朝着我所在的方向张开了嘴，而我立刻拜倒在它的面前。它对我说："是谁把你带到这儿来的，渺小的人类？如果你在告诉我是谁把你带到这岛上来的时候稍有迟疑，我就让你化为灰烬，让你再也不能以任何形式存在这世上。"

"您对我说话了，但我没法听到您的话语，因为在您面前，我完全意识不到自己的存在。"不敢抬起头的我这样回答了它。

神蛇把我吞进了嘴里，然后把我带回了它的窝巢。它把我放在地上，没有伤害我。当我发现自己安然无恙、毫发无损时，惊呆了。

当我再次拜倒在它跟前时，它又对我说："是谁把你带到这儿来的，渺小的人类？是谁把你带到浩瀚碧波里这座两岸深入海流的岛上来的？"

我展开双臂，面对着它回答："我乘着一艘一百二十肘长、四十肘宽的大船出发远行，准备前往王子的宝库去完成法老交托的任务。驾驶这艘船的是一百二十个从埃及最好的水手中挑选的船员。无论他们是向宽广的大海前行，还是朝着陆地进发，他们的心都比一头狮子的

青金石：蓝色的石头，闪着金色，是埃及皇室御用的珠宝。

神蛇：拥有金色神身的蛇，它的长胡须和青金石也是其神性的象征。

心更为坚定。他们能在暴风雨发生前便预测它的行踪，或是在雷电交加的天气露面前便预知它的造访。每个人的勇气和精力都不相上下，他们中没有一个怯懦之辈。

"当我们航行在浩瀚碧波中时，一场暴风雨降临了。我们只得在到达陆地前经受猛烈风暴的折磨。当暴风雨愈演愈烈之时，一阵八肘高的海浪侵袭了我们。要不是我紧抓桅杆，我是无法得救的。船只沉没了，除了我，其他成员无一幸免。后来，我出现在您的面前，是因为我被浩瀚碧波的海浪带到了这座岛。"

于是它回答道："无须恐惧，无须恐惧，渺小的人类，不要这样惊慌！你之所以能到我这里来，是因为有

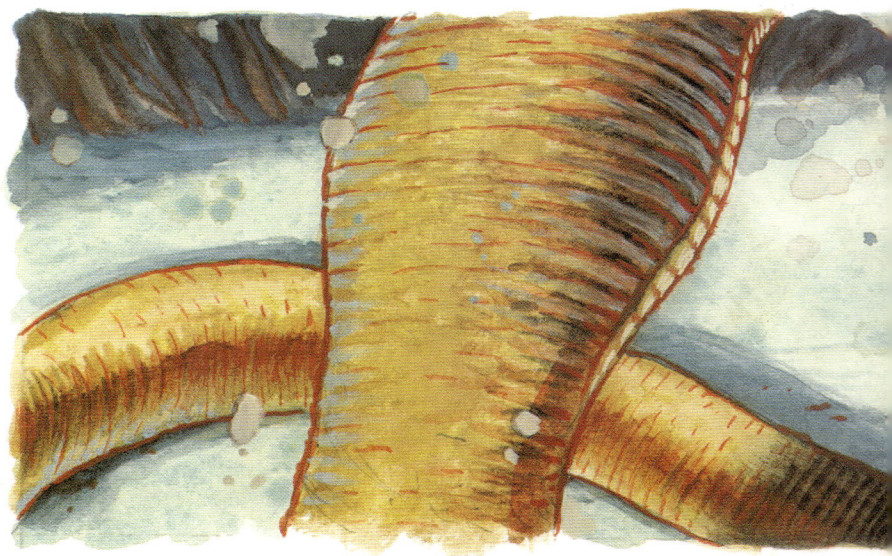

神明的护佑让你幸免于难。他把你带到了这座美妙的岛上，在这里，你可以找到人类所需的一切。岛上拥有各种各样珍贵和美丽的东西。你将在这座岛上度过四个月，然后一艘船会从皇宫出发来到这里。你会与之前的那群海员重聚，你将和他们一起出发回宫。之后，你会在你的城中死去。经历最严苛的考验后，幸福的人可以讲述他的奇遇了。"

重新燃起希望的我拜倒在它的面前，对它说："我会和法老说起您的威力，称赞您的伟大。我将把**劳丹脂**、**艾葛努**、**伊吾德奈卜**、桂皮粉、**笃耨香树脂**这些

劳丹脂：一种香脂。
艾葛努和伊吾德奈卜：未知的香料。
笃耨香树脂：一种可做香料的树脂。

属于神庙的、能让每位神明都满意的贡品送到您这里。我将讲述我的际遇和我看到的您的力量，让国人在全国所有显贵之人面前参拜您。为了您，我将宰杀一些公牛，献祭给您；为了您，我还将拧断家禽的脖颈，祈祷去您那儿的船只都能满载着各种埃及的财富。这些都是我应该为您做的，因为您作为神明，即使遥远国度里的人民并不知晓您的存在，您也依然关爱着他们。"

巨蛇对此付之一笑，因为它觉得我说的话没有意义。它回答我："你想献给我一些劳丹脂？但据我所知你的国家根本就没有劳丹脂！事实上，我是**邦特国**的王子，我拥有很多这种香。至于艾葛努香，那正是我岛上的产物而并非来自你的国家！最后你应该知道，当你离开这片土地后，你便不会再见到它，因为它会消失在水中。"

邦特国： 位于非洲东海岸、苏丹南部。因为在埃及流传着关于它的很多神话和传说，所以埃及人称它为"神之国度"。

就像神蛇预测的那样，在我待了四个月后，一艘船朝着岛的方向驶来了。我走到海岸边，爬上了一棵高高的树。我认出了船上的人，并向他们求救。然后我下了树，跑去向岛主人报告了这个消息。但它已经知悉了这件事，并对我说："我能够让你安然无恙地回家，让你能够看

到你的孩子，而你要为我做的，就是让我在你的国家盛名远播。"

我双手向前，在它面前跪了下来。此外，神蛇还送给了我劳丹脂、艾葛努香、伊吾德奈卜香、桂皮粉、**提诗普赛斯**、**锑粉**、长颈鹿的尾巴、笃耨香树脂、象牙、猎犬、猕猴、狒狒和各种珍贵的东西，足以装满一整艘船。

提诗普赛斯：一种香料。

锑粉：埃及人制作眼线墨的一种原料。

之后我感谢并参拜了它。它又对我说："看吧，你会在两个月内到达你华美的住所，拥抱你的孩子。以后，你会被埋葬在你的国家，在你的墓穴中，你又会变得年轻而强壮。"

我来到岸边，走向那艘船，招呼那些船员把岛主人送给我的珍宝都搬上船。我在海岸边再一次向岛主人致谢，船员们也向它致意。当船离岛有些远了，我们听到一声轰鸣，正如神蛇所言，岛消失在了大海之中。之后，我们航行了两个月，这也和神蛇预测的一样。

回到家后，我受到法老的召见，并把从岛上得来的珍宝都献给了他。于是法老在全国的达官显贵面前参拜了神蛇，并授予我**孔帕尼翁**的头衔。

孔帕尼翁：一种荣誉头衔。

贸易，首先在古代埃及的主要交通通道——尼罗河附近兴起。当人们满载商品取道尼罗河时，神明们现身于船只上的传说比比皆是。很早的时候，埃及人就利用航运获取异国货物，比如黎巴嫩的树木或是红海南岸的香料。

船舶

指那些配备了船帆和桨手的大船，用于长途运输。这种船往往运输很重的货物，比如石料 —— 阿斯旺的花岗岩，或是大量的谷物。

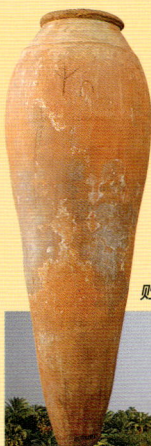

小船

贮酒罐

小船

带桨的小船，运送当地的乘客和较轻的商品。

三桅小帆船

商品的运输

液体被装在陶土罐中运输，而谷物则被放在帆布袋子或是编织篮中。手工艺品的制作和交换一般都在当地进行。

一处墓穴里找到的小船

三桅小帆船

今日游弋在尼罗河上的三桅小帆船和古埃及的三桅小帆船是不一样的。后者有长方形的船帆，而且有一到两个大桨舵。

在墓穴中

人们找到了一些缩小版的小船。通常它们只简单地配备一个小小的座舱，由几个桨手操作。

"我乘着一艘一百二十肘长、四十肘宽的大船出发远行……"

墓穴里对异域动物的描绘

香料树

商业实力

为王国的大人物装点墓室的艺术家们描绘出满载各地特产的外国人的游行队伍，这正展现了当时埃及的强盛。

香料贸易

古埃及没有香料，需要进口。哈特谢普苏特女王曾组织一次到邦特国的远行，以求能将一些香料树带回埃及栽种。

商品

埃及从非洲进口象牙、乌木和一些珍稀动物，从苏丹拿来金子，从亚洲要来马匹，从塞浦路斯弄到了铜，从克里特岛带来了样式精致的珍贵花瓶。

两兄弟的故事

在尼罗河畔的一个小村庄里住着两兄弟：阿努是哥哥，巴塔是弟弟。阿努和他的妻子住在父母留给他的房子里，巴塔和他们住在一起。两兄弟相处和睦，巴塔在各种农活上都尽力帮助他的哥哥。

每天破晓时分，他就开始为哥哥准备带去农田的食物了。之后，他会牵着母牛去吃草。当他在后面赶着它们的时候，它们对他说："带我们去一个水草肥美的地方。"

巴塔很听它们的话，因此他的牛群长得更好了。一天将尽的时候，他像往常一样把它们带回了家，然后吃了些粗茶淡饭，再到牛栏里和他的牲畜们一起度过夜晚。

当**阿赫特季**结束时，佩雷特季就开始了。巴塔的哥哥让他准备一架套牲口的犁车，开始耕地。

巴塔选了两头最美的牛，给它们套

阿赫特季：在埃及，一年被分为三个季节，每个季节四个月：泛滥的阿赫特季是一年的开始，然后是耕地和播种的佩雷特季，最后是幼芽出土和收获的夏矛季。

摆杆步犁: *犁的雏形。* 上**摆杆步犁**，和他的哥哥一起劳作了一整天。

当播种的时刻到来时，阿努让巴塔回家去取来一些种子。

巴塔折返回家，到家时正巧看到哥哥的妻子在梳妆。他对她说："起来！给我找一些种子，让我能尽快把它们带给我哥哥。"

"你自己去吧，不要打扰我。"她应道。

巴塔来到谷仓，装上了几袋大麦和小麦作为种子。看到他扛着沉重的谷袋从眼前经过时，这个女人感到自己的心中充满了爱慕和欲望。她站起身，对他说："你真强壮！来吧，让我们躺下，一起度过一小时吧！"

巴塔当时便感到自己的灵魂中充满了愤怒，他对她说："你对于我来说是一位母亲，而我的哥哥就像我的父亲！这是多么可怕的事情啊！请不要再对我说这种话。"

说完这些，他把她一个人留在原地，就去田里找他的哥哥了。他用一整日的劳作来消耗自己的怒气。

夜晚来临，哥哥先他一步走上回家的路，而他则留在农田里照料牲口。

阿努的妻子一直沉浸在恐惧中，生怕巴塔对他的哥哥说起了那件事。

回到家后，阿努没看到他的妻子。她没有在门口等他，也没有给他的双手倒上水，家里面一片漆黑。他走进家门，发现她躺在床上，边颤抖边呕吐。于是他走近她，问她到底发生了什么让她变成这样。

"是你的弟弟，"她答道，"他看到我一个人在梳妆就对我说：'让我们躺下，一起度过一小时吧！'然后我告诉他：'难道我不像是你的母亲吗？不是你视作父亲的哥哥的妻子吗？'他当时感到害怕就打了我，威胁我不许把他做的苟且之事说出来。如果你还让他活着，我就去死！"

阿努怒不可遏，拿起他的长枪，躲进了牛栏，等着他弟弟的归来。当母牛们回到农场时，看到了阿努，于是告诉了它们的主人。进门时，巴塔低头一看，果然发现他哥哥的脚就在门边。一阵恐惧袭来，他撒腿就跑，但阿努追了上去。

巴塔向伟大的拉神寻求帮助。拉神听到了他的祷告，在即将酿成惨祸的两兄弟之间生出了一片宽广的水域，里面全是鳄鱼。

没有办法接近弟弟的阿努恼羞成怒。巴塔问他："为什么没有听我的解释就想要杀了我呢？我好歹是你的弟弟，而你对于我来说就像一个父亲。听我说！当你让我回家找种子的时候，你的妻子对我说：'来吧，我们一起躺下。'而现在，是她在颠倒黑白。"

说完这些，他拿起一根纤细的芦苇，割掉了自己的生殖器，将它扔进水中。他的哥哥哭了起来，心中满是羞愧。看到弟弟痛苦不堪的样子，他心如刀绞。于是巴塔对他说："你只听进去了那些坏话，却从来没想过我这些年为你做的一切。

"你回家去吧，照顾好那些牲口和你的田地，因为

我不会和你一起回去了。我要出发去**石松谷**，你再也不会见到我了。我要在那里取出我的心，把它放在**石松花**的顶端。

石松谷：海边的一个地方，在腓尼基。
石松花：它能结出心形的果实。

如果石松树被砍掉，我就会死去。那时，你手中的啤酒壶会开始漫溢，而你就知道我出了事。那时候你要立刻跑来，坚持不懈地找到我的心。当你找到它的时候，把它放在装了干净水的花瓶里，我就会重生了。"

说完这些话，巴塔踏上了去往石松谷的路途，而他的哥哥回到了自己的家，在脸上涂上灰尘以示哀悼。他一到家就抓住他的妻子，杀了她，并把尸体扔去喂了狗。

许多天过去了。在石松谷，巴塔给自己造了一个大

房子。他以打猎度日，每到晚上就坐在庇护他心脏的石松树脚下。

有一次，在他打猎的时候，他遇到了**九柱神**。九柱神对他说："巴塔，在离开你的哥哥和他的妻子以后，你是独自一人在这里吗？你看！他已经杀了他的妻子，为你报了仇了。"

九柱神： 赫里奥波利斯的九位神明，其中第一个神明名叫阿图姆，也叫作拉－欧拉克提。

神明们很同情他，所以拉神给了他一个伴侣。她有着无与伦比的美貌，她的身体里流淌着神的血液。这个女人来和他同住的时候，巴塔的心中充满了喜悦。

但他警告她说："不要离开我们的家，因为海之神想要占有你，而你不是他的对手。"

接着，他又向她展示了他的心，告诉了她关于自己的心的秘密："我的心放在一棵石松树的花朵里，如果有人想害我，他就会砍倒石松，把我杀害！"

许多天之后，这个女人渐渐地无法忍受足不出户的日子了。虽然她什么都不缺，但她感到了与世隔绝的孤单寂寞。就这样，她忘了巴塔给她的忠告。当她离开家走向海边时，海之神发现了她，向她冲来。她跑啊跑啊，

终于回到了家，逃出了海之神的手心。但海之神拿到了她的一个束发环。

四处游荡的海之神把束发环带往了埃及，把它放进了皇宫的洗衣间里。束发环的香气慢慢浸润了法老的所有衣物。这香气在法老心中挥之不去，他询问了香气的来源。负责香料的长官不得不承认他并不认识这种香，于是他直接去了洗衣间，拿出了在水面上漂浮的束发环。束发环的周围都散发着一种神圣的香气。

他将这个束发环呈给法老，法老召来了书吏和祭司

们。这些人对他说："这个束发环属于一个拉神的女儿，
她生活在石松谷。派您的战士和满载着礼物的侍仆们去
说服她，让她前来您的身边。"

不久之后，法老的使者们就带着这位容貌倾国倾城
的女人回来了。第一眼看到她的时候，法老就爱上了她，
把她作为自己最爱的宠姬，为她建了宫殿，给了她所有
想要的东西。

很快，这个女人的心就不在巴塔身上了。于是她对
法老说："我的丈夫强壮而英勇，又有神的护佑，我怕

他很快就会来这里找我。请陛下派战士去石松谷砍掉那
棵石松吧，我的丈夫会因此而死，那样我就不会再恐惧
了。"

　　法老一声令下，战士们就出发了，他们砍倒了这棵
石松。于是盛放着巴塔之心的花朵掉落到了地上，巴塔
也就死去了。

村庄里，在农田劳作了一整天的阿努回到了他的家。像往常那样，他的仆人把啤酒壶拿来给他解渴。但他刚刚把啤酒壶拿到手，啤酒就开始往外溢。仆人又递给他第二个，啤酒再一次沸腾着溢了出来。这时，阿努想起了他的弟弟说过的话。他站了起来，立即出发前往石松谷，一刻都没有耽搁。在徒步走了好几天后，他到达了石松谷，看到巴塔倒在地上，已经死去。他找到了那棵石松树，发现它被砍倒在地，枝叶已干枯。可是他找来找去，也没有发现巴塔的心。他开始到处搜寻，几个月过去了还是一无所获，他感到非常气馁。

当他准备回家的时候，看到干枯树枝后掩藏着的一个细小的颗粒。他充满希望地拾起了它，把它放进装有干净水的花瓶中。当这个颗粒吸收了所有的水后，阿努看到他弟弟的身体开始颤抖。他拿起了碗，让弟弟喝下了瓶里的东西。巴塔的心重归其位，令他获得了重生。

两兄弟拥抱在一起，巴塔对他的哥哥说：

"我将变成一头**长着神奇皮毛的公牛**。你骑上我的背，我把你带到法老那里去。那里的人们看到我都会惊叹不已，因为他们从未见过这样的公牛。他们会给你黄金或是

长着神奇皮毛的公牛：
长着一身非凡皮毛的公牛，是埃及某些神明的象征。

白银。"

翌日，巴塔变成了公牛，驮着他的哥哥出发了。到达埃及后，所有人都赞叹着这头牛，它被带去见了法老。法老格外欣喜，祭司和人民都非常开心。为了表达对公牛的敬意，法老决定举办一次祭祀，同时赏赐给阿努黄金和白银，就像巴塔说的那样。

就这样，这头能在宫廷中自由行动的公牛来到了宠姬的房间，对她说："看到没有，我还活着，我就是巴塔，我知道是你让人砍了盛放着我的心的那棵树。"

宠姬很害怕，当法老来看她的时候，她对他说："对我发誓，你能实现我的所有愿望——让我吃了那头公牛的肝。"

法老无法拒绝他心爱的宠姬。他宣布他要进行一场盛大的祭祀，然后命人杀了那头公牛。但两滴公牛的血溅了出来，溅到了法老宫殿的大门支柱上。两棵巨大的**鳄梨树**从血迹中生长出来。人们跑去告诉法老：

鳄梨树：在埃及传说中，它是恋人们避难的树。它的树枝是托特神用来刻写法老名字的工具。

"刚刚发生了一个奇迹，两棵鳄梨树从您的宫殿支柱上长了出来。"

法老非常欣喜，立刻令人举行了一场向两棵圣树表达敬意的祭祀仪式。

过了一会儿，法老决定亲自去向两棵鳄梨树表达敬意。在宠姬的陪伴下，他在宫殿的大门前停了下来。他坐在一棵树下，宠姬则坐在另一棵下。两个人都接受着王国的达官显贵们的敬意以及所有埃及人民的欢呼。

正当宠姬沉浸在喜悦中时，她头顶的那棵鳄梨树对她说起了话："嘿！背叛者，我还活着，我是巴塔。你让人把庇护着我的树给砍倒了，你还杀死了我变成的那头公牛。我现在在这里，就是这棵你坐在它下方的树。"

这个女人的心被恐惧占据了。

某天，当法老和他的宠姬在饮酒娱乐的时候，宠姬对他说："对天发誓，你会实现我的愿望——砍了那两棵树，把它们做成美丽的家具送给我。"

法老为此事很伤心，但他对这个神之女的爱更强烈，所以他下令让工匠们完成了她的心愿。

当宠姬守在一旁，观看工人们砍伐这两棵树时，一片碎木屑飞出，飞进了她的嘴里，她当场就怀孕了。

神性： 巴塔的妻子是九柱神的女儿，她所生的孩子也带有神性。

日子一天天过去，宠姬生了一个男婴。这个孩子赋有**神性**，成了法老的至爱。几年过去了，他让这个男孩成了上埃及和下埃及的王储。

终于到了这一天，法老去见了神明们，而宠姬的儿子登上了法老的宝座。新法老召集了埃及所有的达官显贵和她的母亲，对他们说："我是荷鲁斯，是打败了赛特的人，是统治着受到奈赫贝特女神和瓦吉特女神保护的上埃及和下埃及的人，是拉神之子！**这个女人是我的母亲**，但她也曾是九柱神赐给我的妻子。"

当着所有人的面，成了法老的巴塔讲起了他的故事。

埃及的达官显贵们大喊道："神啊，这个女人应该被处死。用利剑处罚她吧，就像创世之初拉神对敌人们所做的那样！"

这个女人是我的母亲：
巴塔通过被他妻子吞下的碎木屑让他的妻子怀孕，然后从她的体内重生。

农业，是埃及人的主要生产活动。农民是埃及人口的主要组成部分。这个国家因为有充足的灌溉而产出了多种谷物、蔬菜和水果。河流和它陡峭的河岸对渔业和捕鸟有利，人们同时饲养着大量的家畜。

土地所有者

大多数农民只能住简易的房子，只有特权阶级、法老的皇亲或是贵族才拥有较大的地产。理论上，所有的土地都归法老所有，是法老将土地分享给"贵族们"。但实际上，贵族们通过世袭的方式将土地传下去，"忘记"了他们只不过是受惠于法老而已。

一个耕地人

尼罗河的泛滥

泛滥的尼罗河水将整个河谷变成了一个巨大的湖泊，只露出一些小山丘，在山丘上面是人们建造的乡村和城池、神庙和宫殿。

农民的工作

在墓穴里的这个木雕展示了一个正在耕地的农民。这个农业活动通常在十月底进行，那时泛滥的水已经退去。

贵族内巴农正在捕猎水鸟

打猎

这是社会上层阶级的一种娱乐活动，而农民们则饲养家畜。打猎有时被赋予宗教象征意味，比如狩猎河马这种危险动物，被视为同某种邪恶力量战斗。法老狩猎那些生活在沙漠附近的狮子和野牛也同样具有这种意味。

主人详细核查他的家畜

"两兄弟相处和睦，巴塔在各种农活上都尽力帮助他的哥哥。"

托特之书

从前有一个国王，名叫乌塞赫马阿特列。这位国王有一个名叫萨特尼的儿子，是一位厉害的智者，一位无与伦比的埃及魔法师。他会阅读墓室内壁上写给死者的文字，也会阅读神庙**石碑**上写给神明的碑文。有一日，他边阅读这些文字边在

石碑： 篆刻着纪念文字的石块。

卜塔神庙前的空地散步，这时有个男人对他说："如果你真想阅读一份了不起的文本，跟我来吧。我会告诉你托特神亲手写的书在哪儿。这本书里记录了两个咒语。学会第一个咒语，你就能迷住整个世界，而且能听懂动物的语言；学会第二个咒语，即便是死去、埋进墓地，你也能重返人间。"

"以我的生命起誓！"萨特尼应道，"告诉我，你想要什么，只要你带我去找到那本书，你就能得到。"

"这本书在麦赫尼卜塔王的儿子纳内菲卡卜塔的墓地里。"男人回答道。

听完这些话，萨特尼恨不得立刻就能得到此书。他

来到国王面前，把那个男人对他说的话都告诉了国王，并请求国王允许他打开纳内菲卡卜塔的墓室。

国王答应了他的要求，萨特尼就去了孟菲斯的墓地群。他在那里找了三天三夜才找到纳内菲卡卜塔的墓地所在地。他念了一个咒语，地上便出现一个空洞，露出了墓室的入口。他进入地下墓室，那本书发出的亮光照亮了墓室周围，亮堂得仿佛阳光照了进来。

墓室里不仅有纳内菲卡卜塔，他的妻子艾伍蕾和他们的儿子麦里卜也在这里。当萨特尼走上前时，艾伍蕾站起来质问他是谁。

"我是萨特尼，我来到这儿是为了能得到托特之书。请把它给我，否则我就用暴力从你那里夺取。"他答道。

"我求你先听一听，"艾伍蕾说，"我们因为你要找的这本书而经历的悲惨遭遇吧。

"我名叫艾伍蕾，是麦赫尼卜塔王的女儿。躺在我身边的人是我的哥哥纳内菲卡卜塔。当我到了嫁人的年纪，我的母亲找到国王并对他说：'我们的女儿艾伍蕾，爱着她的哥哥纳内菲卡卜塔，让他们结婚吧。'

"但国王却回答：'你只有这两个孩子，你想让他们两个人结婚？'

　　"'是的，即使这样我就没有孩子了。'她对他说。

　　"于是，国王同意让我们结婚了。在婚礼的当夜，我们孕育了一个儿子。当他出生时，我们给他取名叫作麦里卜。

　　"许多天以后，我的哥哥纳内菲卡卜塔在孟菲斯的墓地群散步。他正在阅读古代墓室的碑文时，一位老祭司走过来，对他说：'为什么你在这里读一些根本没有魔力的文字呢？跟我来吧，我将告诉你那个托特亲手所写的书在哪里。在那本书上记载着两个咒语。学会第一个咒语，你就能迷住整个世界，而且能听懂动物的语言；学会第二个咒语，即便是死去、埋进墓地，你也能重返人间。'纳内菲卡卜塔对祭司说：'以国王的生命起誓！

告诉我，你想要什么，只要你带我去找到那本书，你就能得到所有。'

德本：当时流通的货币，一种大约 92 克重的银币。

红海：位于阿拉伯半岛和非洲大陆之间的狭长海域。

"祭司回答他：'给我一百个**德本**，让我去建造我的墓地，然后我就告诉你它在哪儿。'于是，纳内菲卡卜塔给了他这笔钱。祭司说：'这本书藏在**红海**的中央，在一个被神蛇看守着的铁箱子里。'

"纳内菲卡卜塔听了这些话，恨不得立刻出发。当他把这事说给我听时，我没法打消他的念头，于是我们三个人一起到了红海。纳内菲卡卜塔、我，还有我们的儿子，在那里，我们受到了伊西斯神庙的祭司们的欢迎。在神庙里，纳内菲卡卜塔杀了一只公牛，并把它献祭给了伊西斯女神。然后他让人们给他大量的蜡用来做小船和随行人员。他念了一个咒语，这些蜡做的人就有了生命。他们出发了，把我和我的儿子交托给了神庙的祭司们。

"三天里，全体船员一直划着船，直到找到这本书的所在。纳内菲卡卜塔撒了一把沙子到他眼前的水里，水面一分开，他就看到了那个神蛇看守的箱子。他向神蛇发起了挑战，激烈的战斗之后，他成功地杀死了这条蛇，拿到了那个箱子。之后，他打开箱子找到了那本书，

并念出了书中的第一个咒语。果然，他迷住了整个世界，也听懂了动物的语言。

"他返回船上，合上了那片海域，回到了我这里。他把书放到我的手上，然后让人拿来了莎草纸，把书里的内容抄写了下来。写完以后，他用啤酒浸润这本书，让一切溶解在水中。当一切溶解完毕，他喝下了它，书中所写就都在他的脑中了。后来，在我们回北方前，我们回到了伊西斯神庙，向女神献上了敬意。

"唉，可是托特得知了这一切，他从拉神那里获得了惩罚纳内菲卡卜塔的权力。以下就是他受到的惩罚。

"在船上的时候，我们的儿子俯身到水面上，落水而亡了。纳内菲卡卜塔从座舱出来，念了一个咒语，把他从水里弄了出来。他用另一个咒语让儿子说出了发生在他身上的事，我们因此得知了托特的愤怒。之后我们回到柯布托斯，埋葬了我们的儿子。当我们返回到儿子落水之处时，我感到有一股力量抓着我，把我往水里拖。于是，我淹死了。纳内菲卡卜塔把我从水中弄出来以后，也把我带去了柯布托斯，把我和儿子葬在一起。再次起航之前，他用华丽的亚麻做了一个包裹，把书放在了包裹里，然后把它紧紧地系在了胸前。当船航行到那个命中注定的地方时，纳内菲卡卜塔也掉进了水中，溺死了。船员们找不到他的尸首，只好悲伤地驶回了都城。

　　"法老得知这个消息后，来到港口迎接这艘船的归来。他身穿丧服，随行人员也是同样的着装。但在船靠岸时，纳内菲卡卜塔的尸身出现了，尸体紧贴着浆舵。人们把他从水中拖出，看到他胸前系着的那本书。法老于是下令给他举办葬礼，让他和那本书一起去往永恒的居所。"

　　听完她的讲述，萨特尼不再向艾伍蕾要这本书了。未发一言的纳内菲卡卜塔这时起身说："萨特尼，你认为你能够夺去这本书吗？你想和我一较高下吗？"

　　萨特尼接受了，两个人便开始较量。三个回合后，萨特尼更胜一筹，拿到了托特之书。他走出墓室，关上了墓门。

　　回到宫殿的萨特尼把这些事都告诉了法老，法老对他说："像一个智者一样，把书还给纳内菲卡卜塔。"

　　但萨特尼置若罔闻。他的脑中只有一个念头，那就是打开这本书，念一念书中的咒语。

　　当夜晚来临，还没来得及阅读书中的内容，萨特尼睡着了，做了一个梦。

　　他看到自己站在卜塔神庙前的空地上，一个绝色美女向他走来。他立刻爱上了她，想占有她。他尾随着这个女人到了她的家，走了进去。他向她表达了爱意，而那个女人告诉他，只有当他抛妻弃子之后，他才能拥有她。萨特尼当即答应了她。然后这个女人要求萨特尼当着她的面杀死自己的孩子，再把尸身扔去喂狗。意乱情迷的萨特尼叫来了他的孩子们，亲手杀了他们。此时，这个女人才把自己献给了他。但就在即将得到她的时候，这个女人发出一声号叫……然后萨特尼就惊醒了。

惊魂未定的萨特尼找到法老，把自己的梦说给他听。法老告诉他："那个在你梦中出现的女人是艾伍蕾的鬼魂，她是想让你明白，你不该把书拿走。你的心被欲望而非智慧占领。你抢走书已是犯下了错，在梦里，你还犯了一个更大的错，那就是你杀了自己的孩子们。现在就把这本书还给纳内菲卡卜塔吧。"

于是，萨特尼拿起托特之书，又去了纳内菲卡卜塔的墓室。

"我错了，"他对他说，"我不该拿走让你付出巨大代价的这本书。我能为你做些什么吗？"

纳内菲卡卜塔回答道：

"萨特尼，你知道艾伍蕾和我们的儿子麦里卜葬在柯布托斯。你在这里看到的不过是他们的影子。去柯布托斯，把他们带回我这永恒的居所吧。"

萨特尼走出墓地，找到法老，把纳内菲卡卜塔对他说的都告诉了法老。法老因此给了他一艘华丽的船和一众随行人员。到了柯布托斯，萨特尼就开始寻找艾伍蕾和她儿子的墓地。他花了三天三夜才找到。萨特尼打开了墓地，在把他们带回孟菲斯前，他举行了一些相关的祭祀。一行人就这样把他们带回了纳内菲卡卜塔的身边。

　　萨特尼和纳内菲卡卜塔的故事就这样结束了。这是两个拥有伟大智慧的人，但当他们想要占有只有神明才有权知晓的东西时，他们便犯下了罪孽，直到用不同的方式赎了罪。

文字在古埃及已经普及。它首先用于记录神明的话语和他们的故事，然后用于记录法老的言行。渐渐地，人们用它来记载尼罗河谷居民们的各种活动。

书写的材料

书吏用各种材料进行书写：莎草纸是首选，但也有木板或者石灰岩的石块，还有一些土做的陶砖。

托特神：文字的保护神

莎草纸和木刀，以及学生的书写板

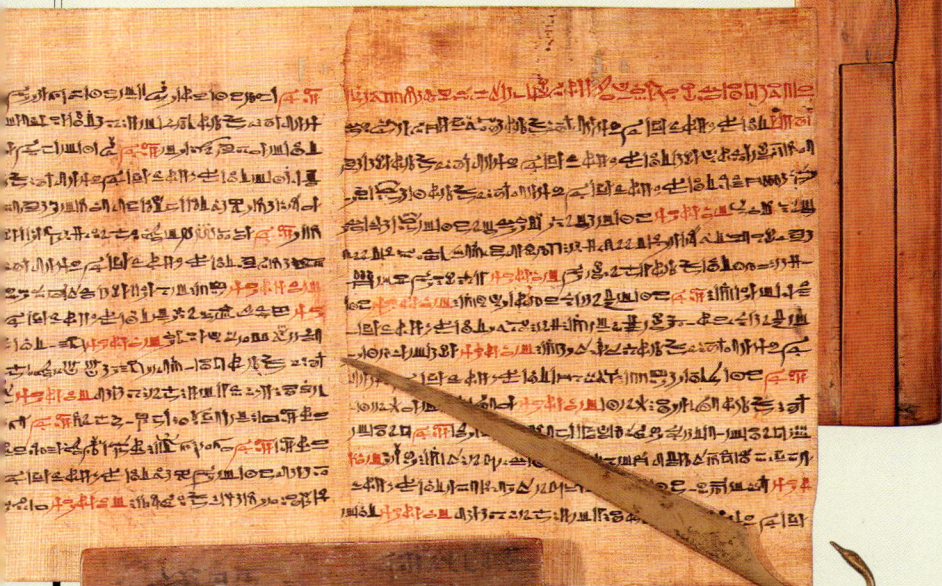

象形文字

这些文字符号既有象形，也有会意和象声。埃及文字中，其他简化过的书写符号都是从象形文字发展而来的，比如僧侣体和民书体。

书吏在记录谷物入仓

"他会阅读墓室内壁上写给死者的文字，也会阅读神庙石碑上写给神明的碑文。"

有名的书吏

伊姆霍特普，萨卡拉地区第一座金字塔的建造者，在成为建筑师之前，他是一名书吏员。深受左赛尔法老器重的他，在死后几千年的时间里都受到后人的敬仰。

书吏的工作

在埃及，任何事都会被记录。书吏被雇用在广大的农业领域，他们也在神庙或作为国王的公职人员工作。

书吏

这是一个受人尊敬的职业，身为书吏是值得自豪的。在经过了漫长而困难的学习后，书吏会参与到行政管理中，他们有机会成为重要人物。

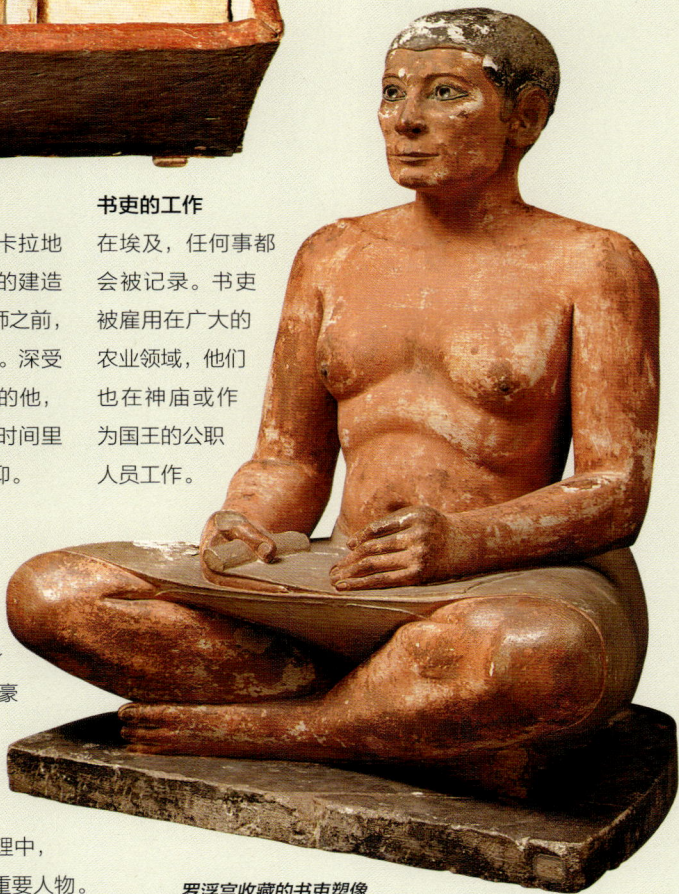

罗浮宫收藏的书吏塑像

卡迭石战役

拉美西斯二世统治上埃及和下埃及的第九年，在**夏矛季**的第二个月，我，庞塔乌，一个书吏，终于完成了对伟大的法老大战赫梯王并取得辉煌胜利的事迹的记录。四年前这场战役爆发之时我并不在场，所以我必须请教我的同僚们、王室档案的管理人阿梅乃米奈和皇宫金库的书吏阿梅乃姆亚。由于我是奉王命行事，所以他们都尽力帮我。

著作中这样记载：在拉美西斯二世统治的第五年，当他得知阴险的赫梯王穆瓦塔尔的阴谋后，便决意出兵**卡迭石**与他做个了断。在孟菲斯的宫殿里，法老下令让军队在培尔－拉美西斯新城里集结。就是在那里，在几个儿子和几位显赫人物的支持下，他建立起了远征的计划。

这段时间里的**军工厂**可谓热火朝天。铸造厂产出了数以千计的箭、长枪、斧

夏矛季：埃及一年分为三季，夏矛季是最后一季，是收获的季节。

卡迭石：在奥伦河畔，今叙利亚境内。

军工厂：此处为武器锻造场所。

头和剑。人们重新检验并加固了快速战车，以便适应前方的漫漫征途。人们给厚重的木质盾牌增加了皮革面，也给弓换上了全新的弦。

终于，在夏矛季的第二个月的第九天，伟大的法老登上了他的金色战车。这辆战车由他最心爱的两匹马——"底比斯的胜利"和"自豪的姆特"牵引。法老身穿用镀金铜板加固的皮革护甲，头戴以青金石圆盘为饰的王冠，检阅了他的大军。他被法老护卫队包围着。这个护卫队由埃及士兵和曾经的战俘组成。比起继续受奴役，这些俘虏更愿意为法老效力。人们可以从他们的圆形盾牌和饰有两个角的头盔上，轻易地辨认出他们。

由**阿蒙军团**领头，四个军团的士兵在他面前排成纵队。战车上载着的是最为敏捷的战士，他们在**步兵军团**的前方。每一辆战车都由两匹壮马牵引，上面站着两个装备了长枪和弓箭的战士，他们对于能够加入精英的行列并为法老战斗而感到骄傲。随同他们行进的是负责消灭地面敌人的**轻步兵**，他们的后方是吹奏军号和敲击战鼓的军乐手。之后的步兵军团由四千个人组成，他们每两百个人为一

阿蒙军团：阿蒙是底比斯的主神，阿蒙军团和后面的拉神军团、卜塔军团和赛特军团，皆以神之名命名。

步兵军团：所有步行的士兵。

轻步兵：步兵的一种。

个组，每个组都有长官指挥。而每个组再分成五十个人的小部队，每个部队由一位旗手带领。他们装备了强有力的弓箭、长枪、锋利的斧子和细长的剑。最后，士兵部队行进完毕，由强壮的牛牵引着的载有奴仆、医生和手工艺人的军需后勤车也完成了检阅。

当整个军队完成检阅和对法老的欢呼之礼后，法老加入了长长的队伍。在令他骄傲的战马的牵引下，他来到了队伍的前端，然后一路向北。从这儿开始，部队就进入了一直给法老进献**贡品**的异域国度。当军队沿着海滨行进的时候，为法老的威严所折服的大批首领和君主都前来表达他们的敬意。

离开培尔－拉美西斯一个月后，法老的军队驻扎在**奥龙特斯河**附近的高地上。在穿越拉布依森林时，他的侦察兵抓到了两个俘虏，是两个贝都因人。这两个人跪倒在法老跟前，声称自己是贝都因首领的兄弟，并提出想为伟大的埃及法老提供帮助。当法老询问他们的首领身在何处时，两个人回答道："他们在卑鄙的

贡品：战败国献给战胜国的财物。

奥龙特斯河：一条发源于今黎巴嫩境内的河流，最终流入地中海。

赫梯王的身边。因为害怕伟大的法老会将他们打到南方去，所以赫梯王现在逃到了接近阿勒颇的地方。"

听闻赫梯王远离了北方的消息，拉美西斯二世很是欣喜。他命令他的军队继续行进，以求能尽快到达卡迭石。在随从和护卫队的陪同下，他涉水过浅滩。阿蒙军团紧紧跟随着他，而拉神军团、卜塔军团和赛特军团在远处跟着。

到达卡迭石平原后，法老让军队驻扎在叛乱之城的西北边。这座城市远离陆地，坐落在奥龙特斯河的一条支流形成的一个小岛上。军队在那里搭建起法老的帐篷，并安放了他的宝座。接着，阿蒙军团的士兵们为了巩固防线，绕着驻地挖掘壕沟，并将木质盾牌深深地插入了地里，此后，法老就可以放松休息了。

于是拉美西斯二世在他的帐篷里安坐下来，他的儿子们、军官和侍从们伴其左右。这时，几个侦察兵为法老擒来了两个赫梯的奸细。他们审问这两个人并将他们痛打了一顿，直到这两人向法老坦白道："是赫梯王派我们来查探法老王的驻地的。"

法老对他们说道：

"这个卑鄙的赫梯王现在在哪儿？我听说他之前在

阿勒颇。"

两个奸细回答道:

"他率领着自己的士兵和盟友的士兵已经到了附近。他们驻扎在卡迭石的后方,人数比海沙还要多!"

敌人已近在咫尺的消息震惊了国王陛下。将领们对迫近的敌人毫无察觉,完全是因为上了那两个必定是赫梯王派来的狡猾的贝都因人的当,这让法老感到愤怒至极。他痛斥了周围的人,并对他的维齐尔说:"快,立刻去通知仍在拉布依森林中的卜塔军团和赛特军团的将领,让他们尽快赶来!"

然后他让侍从们拿来了自己的兵器,而将领们则飞奔着去召集分散在大本营各处的士兵。

但为时已晚。凶恶的赫梯王下令让部队向分布在卡迭石平原的拉神军团发起进攻。两千五百辆战车朝着那些不曾得知敌人竟如此迫近而惊愕万状的埃及士兵碾压而去。残余的士兵没有对赫梯人进行任何抵抗就四散逃去。赫梯部队向毫无防备的法老大本营冲去。第一批逃亡者被敌人的战车追赶着逃向营地的大门,而此时阿蒙军团的士兵还没有完成应战的集合。无力回击的他们无视指挥官的命令,慌张逃散。大批的敌方战车已经涌入了营地。

然而，拉美西斯二世并没有消沉，他找来了他的骑官麦纳。

"保持冷静，不要走，我的骑官！我会像鹰隼扑向它的猎物一般朝他们攻去。我会杀死他们，屠戮他们，然后战胜他们！"

于是，他跳上了由他的两匹忠诚的马所牵引的战车，向无数的敌军冲去。两千多辆战车朝他驶来。冲锋的时候，他的内心充满了**赛特**的怒吼和**赛克迈特**的杀气，他对阿蒙神说：

赛特：愤怒和暴风雨之神，P28。
赛克迈特：狮头人身的女神，见P10。

"我没有任何的将领、任何的骑兵、任何的战士，我孤身一人！噢，阿蒙神，我的父亲，您怎么了？难道一个父亲能忘了他的儿子吗？难道我曾经违背过您的命令吗？对您来说，这些亚洲人算什么呢？只是一些不识神明的恶徒啊。难道我没有为您建造许多宏伟的神庙并为您的神庙献上成百上千的俘虏吗？我呼唤您，阿蒙神，我的父亲。我深陷无数的敌人之中。我的步兵抛弃了我，我的骑兵只顾逃亡，我朝他们呼喊，却没有人回应。但我知道阿蒙神要比百万的大军、千万的战车更勇猛！"

于是，在一阵隆隆的雷声中，伟大的法老看到阿蒙神向他伸出了手，并对他说：

"我与你同在，阿蒙至爱的拉美西斯！我在这里，你的父亲，我的手和你的手握在一起！我是胜利之主，我爱英勇无畏之人。"

英勇无畏的法老让敌人战栗，他的不断冲锋让敌人畏惧。慢慢地，他的士兵们恢复了镇定，重新集结在他的身边投入战斗，而被敌人的攻击冲散了的埃及战车也紧随其后。但是敌人的数量庞大，而卜塔军团和赛特军团依旧在远方。尽管士兵们英勇无比而法老气势逼人，但埃及人还是免不了遭受屠戮。

就在这时，增援部队到达了。法老派往腓尼基海岸的军队终于和卡迭石平原的军队会师。他的士兵们有序

地加快步伐，战车们攻向敌军。遭受这样突如其来的攻击，敌军终于禁不起打击，开始朝着奥龙特斯河方向撤退了。

这是敌人溃败的信号。深受法老强大气势的鼓舞，埃及人乘胜追击。在一片混乱中，为了逃脱法老的复仇，敌军纷纷投入了奥龙特斯河。他们中的许多人都因为武器太沉而溺水身亡。

作为赫梯盟军，参与了进攻的阿勒颇君主幸免于难：他的仆从将他从水中救起。为了让他吐出所有吞下去的水，他们还要拎起他的脚踝，让他头朝下。

终于，战役结束了。营地里和平原周围横尸遍野，伤员们呻吟着寻求帮助。军官们将士兵们集合起来，朝法老的方向望去。他站在他的战车上，光芒照耀着他镀金的铠甲。士兵中爆发出一阵巨大的欢呼声。但盛怒的

国王仍旧对他们大为恼火，他对他们说：

"你们是怎么了？我的军官们，我的步兵们，我的骑兵们，是什么让你们拒绝作战？我不是对你们都很好吗？为何还要将我孤身一人抛弃在敌军之中？如果人民听说我被你们抛弃，他们又会怎么说呢？我的两匹骏马'底比斯的胜利'和'自豪的姆特'，当我孤身奋战在数不胜数的敌人中时，是它们救了我。以后每一天，当我在自己的宫殿中时，我都会亲自用草料喂养它们。"

说了这些话之后，法老便解散了军队，让他们整顿大本营并且清理战场。

为了治疗伤员，医生们支起了帐篷。双手捆缚在一起的俘虏们排成长队被带往法老面前。士兵们将尸体聚集起来，以便能按照仪式安葬他们。他们将死去的敌人的右手砍下，送到书吏那里进行统计和记录。

在这期间，当夜晚降临时，另外两个军团——卜塔军团和赛特军团才终于到达了战场。

这下法老的所有军队都在这里了。尽管遭到了邪恶的赫梯王的攻击，但他的损失仍不算严重。于是，他决定第二天就在卡迭石大本营附近对敌军部队进行最后一次猛攻。

清晨，法老亲自部署了他的军队以备应战。他被护卫队和战车所围绕，后面紧跟着**矛兵**和弓箭手，他发动了猛烈的进攻。阳光映照在他的铠甲上，金色的**乌拉埃乌斯**在他青金石王冠上闪耀着：他仿佛拉神一般，发出的光芒可以毁灭敌人。

屠杀过后，仍有许多赫梯人活了下来。他们的战车在昨日的败退中损失惨重，此时难以反击，但他们的步兵军队仍可作战。

眼看胜利无望，走投无路的赫梯王赶紧派遣使者传信给法老：

矛兵：配备有长矛的士兵。

乌拉埃乌斯：以立起来的眼镜蛇形象示人，颈部因充满怒气而鼓起，时刻准备将毒液射向敌人。他与战神蒙图和拉神的传说有关。

巴力： 来自腓尼基的
战神。

"你是太阳神拉，你是赛特，你是

巴力，你是让赫梯畏惧的人。不要残暴

地对待我们，你有无上的光荣。昨天你来杀了我不计其

数的士兵，今天你又来夺走赫梯国继承者们的生命。不

要太过严酷，噢，胜利的王者，和平远胜于战争，留给

我们一丝生机吧。"

于是，法老接受了邪恶的赫梯王的求和，而参战的

君主们也带着自己的部队各归原位，卡迭石最终并未

易主。

平定一切后，法老准备返回埃及。他召集了他的军队向南方前进，身后跟着数不清的俘虏和沉甸甸的载满了战利品的搬运车，以及所有从属国的君主们进献的贡品。

最后，在法老统治下的第六年，阿赫特季的第一个月，他和凯旋的军队回到了培尔－拉美西斯城。

法老向神明，特别是向在战争中支持着他的阿蒙神父亲表达了敬意。他为他献上金块和银块，还有成百上千的俘虏以及牲畜的头颅。之后他回到了宫殿，出现在窗前，阅见他的子民。在那儿，所有人都在为他欢呼，表达着对他的感激。

埃及军队，早期君王用以统一埃及，之后用以驻守边境，而后用以对南方（努比亚）或是东方（巴勒斯坦）进行军事征服。很长一段时间里，军队仅由步兵、矛兵和弓箭手组成。大约公元前 1500 年，效仿来自亚洲的敌军，军队增添了一支战车部队。

战马样式的戒指

战马

埃及人的马匹只作牵引战车之用。战车士兵是整个军队的精英。

奔赴战场的士兵们

俘虏

人数众多的俘虏（有时可达几千人）由法老赏赐给他的亲信或者献给神庙。他们也可以被招收进军队，或者被送往边境进行农耕。

士兵们的生活

士兵们的生活条件艰苦。他们面临的困难有长途行军的疲惫、食物和医疗供给的不稳定，尤其是对战死异乡和无法得到传统葬礼的恐惧。

士兵队伍

"于是，他跳上了由他的两匹忠诚的马所牵引的战车，向无数的敌军冲去。"

七首

图坦卡蒙攻打努比亚人

亚洲俘虏

武器

士兵们装备有矛、木质盾牌（有时会镶上皮革）、长枪、弓箭、斧头、七首和剑。

军队

它主要由埃及人组成，但也有从努比亚或是利比亚征招的雇佣兵。

法老：战争领袖

用战争将敌人从自己的国家中驱逐出去，是法老们的传统职责之一，就像他们通过宗教活动驱赶邪恶力量一样。

去往来世之路

在上埃及和下埃及的法老拉美西斯二世统治的第三十九年，我，肯奈赫柯普谢夫，拉神之子**麦伦普塔**之墓的书吏，为我的父亲——拉莫斯，完成了所有通往西方极乐之地的仪式。

当他死后，在他自己的家里，在我的家人和我为他找来的哭丧妇们的围绕下，我完成了哀悼仪式。之后，我将他的遗体带到清洗净化尸体的地方，为他获得永生做准备。

在尸体处理的过程中，知晓永生奥秘的祭司一直头戴**阿努比斯神**的胡狼头面具。在他的指导下，负责防腐的人员先清洗了尸体。他们用一个钩子从鼻孔里取出尸体的脑子，然后用**黑曜石**刀片从左侧割开身体，取出了所有内脏，只留下智慧和灵魂的居所——心脏。

接着，尸体会被放在一个石桌上静置四十天，周身涂满来自盐之绿洲的泡

麦伦普塔：公元前1213年至公元前1203年在位，是拉美西斯二世的儿子和继承者。

阿努比斯神：制作木乃伊的人员的主管之神。

黑曜石：一种火山岩，有着玻璃质地。

碱，使尸体干燥。

在这段时间里，人们清洗了内脏，给它们涂上树脂，并用亚麻布包裹。然后，这些内脏会被分别放在由荷鲁斯的四个儿子保护的四个**卡诺卜坛**中：负责永久照看肝脏的依姆塞特，持有人的形象；负责照看肺的哈比，有着狒狒的脸；负责照看胃的杜阿穆特夫，有着豺的头；而负责守护肠的克布塞努夫，则有着鹰隼的头。

卡诺卜坛： 古埃及人用来存放尸体内脏的礼葬瓮。

护身符： 用来避免死者被打扰或被邪物侵入的物件。

做了以上处理后，尸体被转移到专门为尸身装饰打扮的房间。它先被浸满树脂和香料的织物填满，然后被亚麻布带缠绕，许多**护身符**也被放了进去。

　　其中一个写有咒语的碧绿色心形护身符被放在他的心脏之上。一张用绿色天河石粉书写的莎草纸，放在了他的喉咙上。天河石的绿色代表了重生。一个用红色玉石做的**缇特符**和一个青金石做的**吉德符**安放在他的胸口。他的颈下放着一个小枕，它能让他在复活之时直起头部。当一切就绪时，一个镀金的面具会戴在他的脸上，它会向人们诉说他年轻时的光彩。

缇特符：寻求伊西斯护佑的护身符。

吉德符：象征着奥西里斯脊椎的护身符。

　　进行葬礼的那一天，我们离开了做防腐处理的地方，向着我父亲永久的居所前进。护送队伍沿着前方的路延伸而去。哭丧妇在前面走着，载着棺材的车被许多牛和我父亲生前的亲信们拉着前进。在队伍的前方，是一位念着咒语的祭司，而另一位祭司在焚香。队伍的最后面跟着为父亲搬运墓葬家具的奴仆们。

当我们来到居于地下墓室之上的祭祀堂前时，戴着阿努比斯面具的祭司扶着木乃伊，然后由我披上豹皮来完成最后的仪式：我在父亲尸体的脸上涂抹香脂，然后拿起一个**锛子**来完成开启口腔的仪式。这个仪式能让父亲重新拥有生命的气息。所有仪式完成后，我的父亲被放进一个按照他的木乃伊的形状所制成的人形木盒里，里面还放着写有亡灵书的莎草纸。这本亡灵书将帮助父亲毫无阻碍地去往奥西里斯的国度。

随后，所有的东西都被放进了地下墓室。棺材被放在一个木床上面。在木床附近，立着一尊被亚麻布包裹的他的雕像；有一个箱子，面里放着卡诺卜坛；一个盒子，里面放着**沙乌比提**。不可胜数的财宝几乎堆成了山。还有一些箱子装着他身前的衣物，其中一个箱子则放着必要的梳妆用具：他的一把铜质剃刀、一把剪刀、一面镜子和一些玻璃和大理石做的用来放香脂和香料的小瓶子。此外，那里还放了一把扶手椅、一把靠背椅、

锛子： 一种木工用来销平木料的工具。

沙乌比提： 死者的小雕像，代替死者完成在亡者国度里的工作。

一个木凳、一些芦苇席和一些棕榈树做成的桌子。最后，我们还在里面放了几篮子的食物和一些装酒的罐子，确保他永远不受饥饿和口渴之苦。

这些都结束以后，会在地下墓室的入口处建起一堵石墙，将墓室密封。而通往密室的走道也会被堵起来。自此，再也无人可以进入我父亲的永久居所了。人们能看到的，只有地下墓室之上、用砖石制造的金字塔形祭祀场所了。

现在来看一下拉莫斯叙述的"神圣审判"的过程。

我是**奥西里斯**·拉莫斯。当我死去时，我的**巴魂**离开了我的躯体。我的死亡被宣布时，它没有向任何人说我的坏话。因此，我的葬礼能够依照传统仪式顺利完成。

奥西里斯：冠以此名，表示死者已被亡灵国度之神奥西里斯同化。
巴魂：埃及人认为灵魂有四种形式，巴是人死后灵魂传送到亡灵世界时的灵魂状态，形态为人头鸟身。

我在这里，在奥西里斯的国度的入口。我知道那些密语，那些能让我乘上拉神之船的密语，然后穿过这个国度，到达设有神圣审判庭的双玛特之室。在神明和他的随行侍者的陪伴下，我坐着船穿过了天国。

在走遍了**罗瑟艾托**后，我最终来到了双玛特之室前。

我听到了室内传来的阿努比斯的声音："发出声音的是一个来自埃及的人。他认识我们这儿的路和城市，我很欣喜。但他是谁呢？"

罗瑟艾托：孟菲斯大墓地群的一部分，在此处统指住着死者的所有地方。

证明无罪：说明死者已经通过考验，可以进入亡者的国度了。

"我是奥西里斯·拉莫斯，"我说道，"我来这里是为了见一见伟大的神明并且请他们**证明我无罪**。"

"那么，在我们面前称一称你的心脏吧。"他对我说。

然后他问我："你知道双玛特之室的大门的名字吗？"

"这扇门叫作'你赶走了舒'。"

于是，阿努比斯让我走了进去，把我带到奥西里斯的审判庭前。亡灵国度的王者正端坐在他的宝座上，四十二位神圣审判者坐在他的两边。一杆秤放在了房间中央，旁边站着公正的守护者玛特女神和长着白鹮头的神圣书吏托特神。我的心被放在秤的旁边，而象征着玛特女神的鸵鸟羽毛则已经放在了秤上。如果我的心脏比羽毛重，我就会被喂给一个怪物。那个怪物是鳄鱼、河马和狮子的混合体，它帮亡灵国度清理有罪之人。但我没有恐惧，因为我知道一个能让我通过审判的密语。

　　"噢，我的心！噢，我母亲的心！不要在奥西里斯面前让我难堪，不要在审判之日让我为难。"

　　然后我转向奥西里斯，并对他说：

　　"向您致敬，伟大的神明。我认识您，我知道您的名字和这个房间里四十二位审判者的名字。

　　我没有作恶。

　　我没有冒犯神明。

　　我没有剥削穷人。

　　我没有让他人挨饿。

　　我没有让人哭泣。

　　我没有杀人，也没有命人杀戮。

我没有偷窃神庙里的祭祀食物。

我没有在重量和尺寸上撒谎。

我没有将奶水从嗷嗷待哺的孩子嘴中夺走。

我没有阻碍土地的灌溉。

我是纯洁的，三倍的纯洁。"

奥西里斯看向这杆秤，然后下令在众人面前、在玛特女神的注视下，把我的心脏放上去称量。放着我心脏的那个托盘没有摇晃，所以我的心脏没有超过代表真实和公正的羽毛的重量。主管永生的神于是命令托特神，将我的名字写入正直之人的名录中。我不会被喂给那个怪物了，我也不会被投入无尽的黑暗了。

我是奥西里斯·拉莫斯，已被证明无罪。我受到了高贵灵魂的欢迎。我每天跟着光芒出发，然后乘着拉神的船走遍天国。我进入了地下世界——由掌管永恒的西方极乐之主统治的王国。我在天国的田地里为他耕种和收获。希望生者能为我的祭祀堂常添祭品，希望他们能在那里为我一遍遍地念诵经文。

死亡是通往新生的时刻。法老会成为神明，而普通人则去往和生者的世界相似的奥西里斯的世界。为此，尸体必须受到保护，并被制作成木乃伊，还要在它的周围放上所有能助他重生并帮他回到熟悉地方的物品。

一座墓地的发现

在 1922 年，霍华德·卡特完成了考古学史上最伟大的发现之一——几乎完好无损的图坦卡蒙法老的墓。

哭丧妇

在尸体放进墓地前，死者家里的女人和女邻居们会为其哭丧。她们将一只手置于头顶，用一个在今天的埃及仍能看到的姿势悲痛哭泣。

棺材

起初的棺材是用石头或木头制成的长方形的箱子，之后有了木乃伊形状的箱子。有时一个死者配有两个箱子，两个箱子互相嵌套。

亡者的仪式

仪式

"我，肯奈赫柯普谢夫，拉神之子麦伦普塔之墓的书吏，为我的父亲——拉莫斯，完成了所有通往西方极乐之地的仪式。"

仪式

为奥西里斯哭泣的伊西斯和奈芙蒂斯会守护他的尸体，同样，逝者会由为其哭泣的人照看。另外一边，荷鲁斯和阿努比斯则照看已转化为吉德柱（一种代表稳定的柱子）的死者。

奥西里斯的审判

在奥西里斯面前，死者的心脏会被放在一杆秤的一边，而这杆秤的另一边放着玛特女神的羽毛。如果两边平衡，这个死者就可以进入奥西里斯的国度。如果死者的心比羽毛重，他就会被喂给"吞食怪物"。在秤的旁边，身为书吏的托特神记录裁决结果。

在奥西里斯面前接受审判

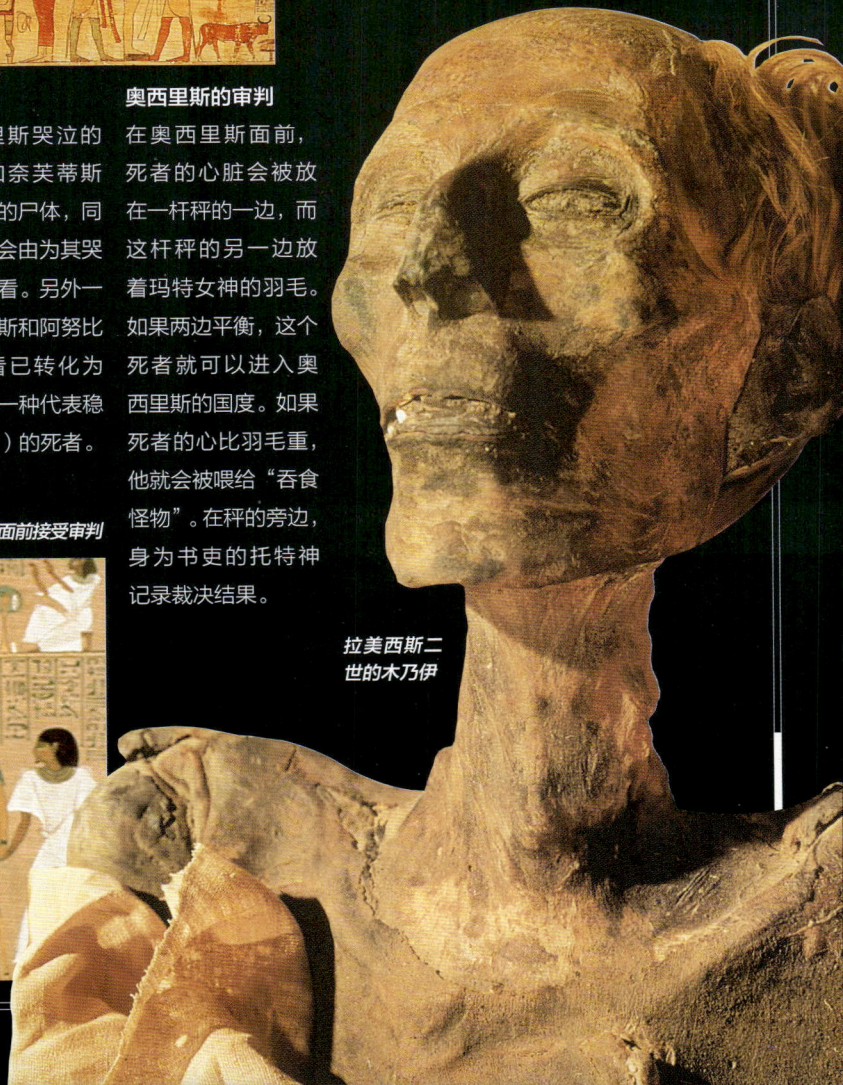

拉美西斯二世的木乃伊

故事资料的来源

本书作家的资料

本书中的故事主要来源于埃及法老时期的本土资料，仅有两位非埃及裔的作者的叙述也被收录其中。在"去往来世之路"一章的故事里，我们采用了希罗多德（公元前5世纪的希腊旅行家和历史学家）关于木乃伊的制作过程的描述，而"伊西斯的追寻"这个故事则取材于普鲁塔克（公元1世纪的希腊作家）的记述。

来自埃及的资料

除了以上二人，书中其他故事皆由法老时期的埃及作家记述。只有"托特之书"的作者生活在托勒密王朝时期（公元前4世纪到公元前1世纪之间）。他参考了许多前人记载的事件。他的故事也有可能是历经了几个世纪、人们口口相传或是书面记载的成果。

作者的署名

一些故事有作者的"署名"。在事件发生四年之后写出了"卡迭石战役"的庞塔乌就记下了自己的名字。"遇难者的故事"的作者是书吏阿梅纳，他可能生活在大约公元前1800年左右，而"两兄弟的故事"的作者是生活在西普塔王（大约公元前1197年到前1191年）统治下的书吏艾纳。

无名的作者

我们几乎都不太了解写下神话故事的作者们。我们只知道几个名字，却对这些记述者的个性一无所知。需要注意的是，在当时的埃及，人们认为艺术家仅仅是优秀的手工艺人，而非现代意义上的有创作天赋的人。

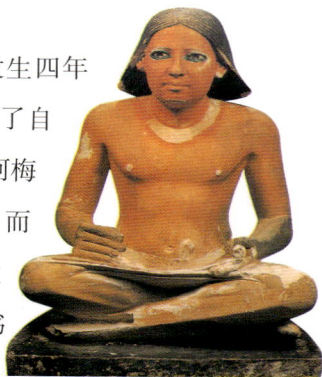

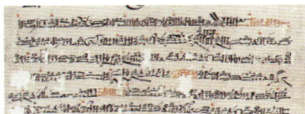 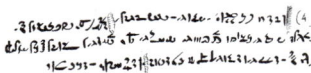

僧侣体 　　　　　　　　　民书体

僧侣体

僧侣体是一种象形文字的草书体。我们可以在莎纸草、兽皮和陶器上看到用芦苇笔写的僧侣体。

书写载体：莎草纸

　　大部分重见天日的埃及故事都被记录在莎草纸上。由于莎草纸十分薄脆，许多莎草纸上的故事都已经不再完整或是无法进行复原。相反地，也有一些故事，如"遇难者的故事"，尽管书写的纸十分薄脆，但依旧被完好无损地保存了下来。

埃及文字

　　象形文字在大约公元前 3200 年就产生了。约公元前 2680 年，一种新的书写体诞生了，即僧侣体。而后，另一种书写体——民书体逐步地取代了（约公元前 660 年）僧侣体。埃及故事主要用这两种书写体撰写，尤其多采用僧侣体，因为被发现的文学文本大都早于民书体产生的时期。

现代的出版物

　　除了"卡迭石战役"和"去往来世之路"这两个是基于各种文字或是图像资料重新编写的故事，本书中的其他埃及故事都已有专家深入研究并成体系地出版，比如古斯塔夫·勒法布尔的《法老时期的埃及小说与故事》（梅宗讷夫出版社，1976 年）、克莱尔·拉鲁艾特的《古埃及的经文和世俗文献》（伽利玛出版社，1984 年和 1987 年）。

僧侣体

僧侣体是一种象形文字的草书体。我们可以在莎纸草、兽皮和陶器上看到用芦苇笔写的僧侣体。

民书体

这是僧侣体的一种简化样式。同僧侣体一样，民书体采用横书，需从右往左书写。

象形文字

象形文字的字符之间并不要求互相对齐，但是每个字符要写在一个看不见的方框里。这些符号可以从右往左书写，也可以从左往右，阅读时则依据以轮廓形象出现的动物符号的指向来判断。

图片来源

5 圣甲虫，抛光岩，古埃及新王国时期，巴黎罗浮宫馆藏◎法国国家博物馆联合会

12 上：阿蒙－拉，青铜质地，古埃及后期，巴黎罗浮宫馆藏◎法国国家博物馆联合会
中：伊西斯哺育婴儿时期的荷鲁斯，镀金彩绘粉刷木雕，托勒密王朝，巴黎罗浮宫馆藏◎法国国家博物馆联合会
右：塞尔凯特和奈芙蒂斯女神，细节图，储存卡诺卜坛的圣所，开罗博物馆馆藏◎阿特弗艺术照片社/M. 巴贝
右上：想象的世界图景，内斯帕考候提墓葬莎纸草，巴黎罗浮宫馆藏◎法国国家博物馆联合会

13 左：奥西里斯，木雕正面半身像，托勒密王朝，巴黎罗浮宫馆藏◎法国国家博物馆联合会
中：托特，浮雕，底

比斯王后谷◎布里奇曼艺术图书馆
右：塔布蕾墓陪葬品，背面，面对阿图姆神的女人，古埃及后期，巴黎罗浮宫馆藏◎法国国家博物馆联合会

24 右：鸢◎比奥斯图片社
中：圣鹮◎丹尼斯－霍特/比奥斯图片社
下：圣鹮小雕像（象征着托特的动物形象）木料和青铜材质，古埃及后期，巴黎罗浮宫馆藏◎法国国家博物馆联合会

25 右上：尼罗河，桃树和开花的香蕉树◎于格·福热尔/比奥斯图片社
右：尼罗河鳄鱼◎丹尼斯－霍特/比奥斯图片社
中右：索贝克鳄鱼神的雕像，青铜，古埃及后期，巴黎罗浮宫馆藏◎法国国家博物馆联合会
下中：河马◎马丁·哈尔韦/比奥斯图片社
下右：河马雕像，蓝色彩陶，中王国时期，巴黎罗浮宫馆藏

◎法国国家博物馆联合会

36 上：香炉，装饰着青铜隼头的纸莎草秆，古埃及后期，巴黎罗浮宫馆藏◎阿特弗艺术照片社
下：搬运纳克特墓葬祭品的女人们，艾斯尤特，木制品，中王国时期，巴黎罗浮宫馆藏◎法国国家博物馆联合会
中：埃德福鸟瞰图，荷鲁斯神庙◎扬·阿蒂斯·贝尔蒂德/阿提图德

37 上：阿拜多斯的拉美西斯二世神庙，祭品，第十九王朝，彩绘浮雕◎阿特弗艺术照片社/西尔维奥·菲奥雷
下：玛特女神雕像，青铜，巴黎罗浮宫馆藏◎法国国家博物馆联合会

48 右：吉萨金字塔的哈夫拉像，埃及博物馆馆藏，开罗◎斯卡拉
上：象形文字，刻有"辛努赛尔特"名字的椭圆形框，埃及博

物馆馆藏，开罗◎斯卡拉
下：两根皇室权杖，第十八王朝，图坦卡蒙墓葬出土物，埃及博物馆馆藏，开罗◎吉罗东艺术图书馆

49 上：埃德福的荷鲁斯神庙，托勒密七世的加冕礼◎AKG
右：吉萨的斯芬克斯◎毛里求斯/SDP
下：孟卡拉王三人组雕像，埃及博物馆馆藏，开罗◎斯卡拉

60 上：有印刻痕迹的大型贮酒容器，陶土，早王朝时期，巴黎罗浮宫馆藏◎法国国家博物馆联合会
中：尼罗河上的三桅小帆船◎于格·福热尔/比奥斯图片社
下：366号墓内的船只模型，贝尼哈桑，木制彩绘和亚麻，菲茨威廉博物馆馆藏，剑桥大学◎布里奇曼艺术图书馆

61 中上：莱克米尔之墓，壁画◎IBM
右：乳香树@特里斯坦·拉弗朗西斯/Bio

78 上：尼罗河的泛滥◎罗杰－维奥勒图片网

中：耕作者模型，木制彩绘，巴黎罗浮宫馆藏◎法国国家博物馆联合会

下：牲畜，木制彩绘模型，埃及博物馆藏，开罗◎贝比斯／阿特弗艺术照片社

79 上：贵族内巴农妻女狩猎图，彩绘壁画，底比斯，第十八王朝，大英博物馆藏◎布里奇曼艺术图书馆

92 上：书吏纳博门托夫和狒狒形象的托特神塑像，石制，新王朝时期，巴黎罗浮宫馆藏◎法国国家博物馆联合会

右／下：学生的书写板、莎草纸、木刀，新王朝时期，巴黎罗浮宫馆藏◎法国国家博物馆联合会

93 上：粮仓模型和正在记录谷物入仓的书吏，出土于纳克特墓，俯视图，仿大理石木制彩绘，艾斯尤特，中王国时期，巴

黎罗浮宫馆藏◎法国国家博物馆联合会

下：端坐的书吏，彩绘石灰岩，古王国时期的第五王朝，巴黎罗浮宫馆藏◎法国国家博物馆联合会

108 右：出发前往邦特国的士兵，哈舍普苏特神庙的浅浮雕，德伊埃尔巴哈里◎吉罗东艺术图书馆

上：战马样式的戒指，黄金镶嵌红玉髓，第十八王朝末期，巴黎罗浮宫馆藏◎法国国家博物馆联合会

下：士兵模型，埃及博物馆，开罗馆藏◎达格利－奥尔蒂

109 左：匕首和剑鞘，黄金，第十八王朝，埃及博物馆馆藏，开罗◎伽玛玛出版社《宇宙的形式》

中：图坦卡蒙攻打努比亚人，第十八王朝，埃及博物馆馆藏，开罗◎达格利－奥尔蒂

下：亚洲俘虏，彩陶，新王朝时期，巴黎罗浮宫馆藏◎法国国家博物馆联合会

120 上：霍华德·卡

特，伦敦新闻画报图片库收藏◎布里奇曼艺术图书馆

右：玛扎王后的棺材，木制彩绘，巴黎罗浮宫馆藏◎法国国家博物馆联合会

中：与死者的永别，阿尼的亡灵书◎大英博物馆

下：心脏称重，休涅弗纸莎草◎大英博物馆

121 上：休涅弗纸莎草◎大英博物馆

中：莎草纸，法国国家图书馆收藏

右：拉美西斯二世木乃伊，第十九王朝，开罗博物馆馆藏◎达格利－奥尔蒂

122 盘腿坐的书吏，彩绘石灰岩，古王国时期，埃及博物馆藏，开罗

123 上：《埃及语文法书》手抄本◎国家图书馆，巴黎

右：同上

125